檀梅 主编

传媒 津津道

基于媒体融合流程再造的实践产品

红旗出版社

编委会名单

主 编
檀 梅

副主编
董立林　杨继栋　王卓尔

在路口记忆

檀 梅

2023年5月,我供职的浙江传媒研究院调研走访了5家浙江的市级新闻传媒中心,基于浙江省打造重大新型传播平台的背景,这些市级媒体正站在新一轮改革的路口。这次调研尝试重点分析作为"腰部"的市级媒体上通下联的进展、着力点和创新点,通过揭示几个样本的"科技+传媒+文化"生态系统架构和数字化转型的创新点,希望从中提炼出市级媒体深度融合的进阶秘籍。

在调研中我发现,流程再造是几家媒体负责人反复提及的重点,这让我想起从2017年初到2019年底,我和本课题组成员在浙江日报报业集团中央厨房里做的事情,这也是本书30篇精选的由来。

"媒体客户端第一个十年,中央厨房建设是重要思路,发挥了将优质内容汇聚再造的内容池作用。"有学界专家这样评价。但作为从业者,我们觉得意犹未尽,流程描述到这个颗粒度,还是很难发现问题的。

还记得浙报集团的中央厨房初落成时的热闹场景,访者纷至沓来。2017年,仅我所在的网宣办就接待了150多批次各级领导、媒体同行,以及政府管理部门人员，高校的相关专家、学者。除节假日外，平均每两天就有一批客人来浙报集团中央厨房观摩交流。

但落到运行实处，我们发现呈现在大屏幕上的流程太单薄了，而我们必须亲历每一天现场实际发生的情况，才可能去探究问题、分析问题、解决问题，从而实现业务改进，也只有这样才能回归流程管理最朴素的基本点——让具体干活的人知道怎么干活。

我努力回忆那个过程里真正宝贵的、激发过我的东西，好像不是那些奋进、激昂的情绪，而是看起来难以忍耐的日复一日的工作和生活，是对党媒价值观、语言、字词、画面、配乐、节奏、风格等事物的重复。一批新闻作品看完，再看一批；一篇研究分析文章写完，就开始写另一篇；这个夜晚过去了，明天会再迎接一个。重复成了最好的镇静剂，推动着我们，鼓励着我们，去认知、肯定价值和意义。根据新业务流程的需求，我和课题组成员在本职工作之外，每天清晨6点就坐在电脑前，搜集、比对，分析党报、党端（党媒客户端），捕捉创新，并撰写研究报告。3年里，我们分析撰写各类研究报告3000余份，"传媒津津道"系列研究报告就是其中的一个部分，以最新的传媒作品、产品为观察对象，去关注行业变化，捕捉亮点，服务于办端、办报。

"传媒津津道"系列研究报告来源于采编部门同事的"吐槽"：稿池里每天那么多内容，看不过来；更有新人说不知道怎么选择。这促使我们思考，大量的信息内容汇聚之后怎么才能为我们所用？如果用不起来，要怎么优化改进？媒体融合流程再造最终要实现什么目标？怎样利用一条"流转的线"，把分析信息、理解信息、使用信息串联起来？当前要把哪几个关键链条梳理出来，而我们在其中可以做些什么？

然而所有活动的顺畅"流转"才能保证流程的最终输出和价值实现，流程追求的不是个体的、局部的优化，而是整体的、全局的优化；流程不是一个静态的概念，它按照一定的时序关系徐徐展开。因此我们课题组做的这样一种局部的改革实践必然是阶段性的。总的时序调整，也只能随之变道。所以当我回头审视"传媒津津道"系列研究报告的时候，问自己最多的是，此类围绕新闻"易碎品"展开的研究成果到底有没有价值？

推动我走下去的是本文开头提到的这次调研：6年多过去了，流程怎么再造依然是未解的难题。我想，在路口回望不是活在过去，而恰恰是为了朝向未来。我们做过的事、留下的文字，也许是方法，也许是弯路，不妨陈列出来，给将来参考批评。其目标不是揭示过去的传媒精英如何沉溺在自己的迷梦里，而恰恰是希望有一代人能够真正从这梦中醒来。去往未来的路程，就是要花更多的时间，持续地做，来回地走，没那么容易看到终点。

我们以两年为时间段，在100篇文章中选取了30篇。文章按照选题方向做了分类，每一单元里基本上按时间顺序排列，从2018年起到2019年年底止。这次整理，我们做了一些修改，主要是字词、引文、图片等的使用规范，想法上即使现在与那时变化很大，也保留那时的想法，因为我们知道新闻报纸原始的基因一定会想办法闪烁，而这也是将那时那地陈列的意义之一。

而今这本书终于来到读者面前。它不完美，我带着沮丧（和最后一点决心），把这次的历程当成检验。当无形的历史经过我们，我们究竟有没有在自己所能掌握的时空里努力，并如实做出了反映。

感谢课题组的伙伴。我们已经散落各地，如今又有机会一起完成一件事情，重逢即是新的征程。生命的洪流在我们身外，更在我们内心，曾经抵达过的灵魂的某个地方和为此付出的心血，自己不应当忘记。

2023年7月

爆款产品

01. 当新闻走进社交网络,你的朋友圈被"刷屏"了吗 ············ 002
02. 新玩法让改革开放报道"潮"起来 ······················ 008
03. 打造现象级爆款,人民日报有啥套路 ···················· 014

策划主题

04. 报道经济半年报,党媒用了"三味药" ···················· 022
05. 10 年过去,改革开放纪念报道有啥不一样了 ············· 027
06. "丰收节"报道如何烹出丰收味 ························ 032
07. 一分钟视频,极小窗口里的大风景 ······················ 038
08. "四季歌"如何唱出新意 ······························ 044
09. 两会报道,媒体人的十八般武艺越玩越溜 ················ 050

媒体技术

10. 个性化推荐,到底怎么玩 ······························ 058
11. 当 AI 疾风吹进媒体 ································· 063

媒体与平台

12. 在谈论指数的时候，我们究竟在谈什么 ·······················072

13. 让主流声音传播得更远 ·····································079

数据新闻

14. 又获奖了，它的数据新闻到底好在哪 ························088

15. 数据新闻的三种模式：传统、深耕和量产 ····················095

写作门道

16. 建设性舆论监督：让公共治理的"大树"免遭"虫蛀" ······102

17. 又见美的竞争力　一起来学习"新文风" ····················109

18. 读《人民日报》的现场评论是种怎样的体验 ·················115

19. 全媒体时代的"追风"三重奏 ·······························119

20. 非虚构写作，为何被越来越多的读者青睐 ···················123

新闻形态

21. 用耳朵"阅读"的新闻，他们都是怎么做的 ·················132

22. 今天"聊"点啥新闻 ·······································137

23. 当 Vlog 遇上新闻，会给报道形态带来怎样的改变 ···········142

24. 音频蓝海，纸媒如何破局 ……………………………… 150
25. 融媒时代的新闻漫画，和 10 年前有啥不一样 ………… 156
26. 短视频新玩法，主流媒体能"嫁接"吗 ………………… 166

纸上生花
27. 旧报换新颜，纸媒期待雪中花开 ……………………… 174
28. 壮丽 70 年中国奇迹如何绘入一张新闻纸 …………… 186

智库建设
29. 从媒体 + 智库到智库型媒体 …………………………… 196
30. 智慧化转型中的终极形态：媒体型智库 ……………… 201

爆款产品

01. 当新闻走进社交网络，你的朋友圈被"刷屏"了吗 ①

王晓婕 / 文

《测测你最适合当哪种兵！致敬最可爱的人》《建军节，我们一起去当兵！》《你想当啥兵？集齐九张图召唤"神兵"》《大挑战丨军事版"中国成语大会"，你能闯几关》……2018年上半年，像这样好玩的、互动性强的融媒体产品如雨后春笋，不停地在朋友圈"刷屏"。

随着移动互联网的不断发展，社交网络已经深刻改变了我们的生活，也重塑了如今的传播生态。社交网络平台已成为新闻传播的一个重要渠道，几乎每一个移动端新闻爆款的诞生，都少不了社交网络平台的支持。越来越多的融媒体新闻产品，从策划之初就自带社交属性，目标就是借助用户的社交关系链进行传播。

那么，什么样的产品才能让用户心甘情愿地分享到"朋友圈"呢？通过梳理一系列爆款产品，我们将焦点放在了用户的"存在感"上。

内容主题：和用户产生情绪共振

在一个特别的时间节点或主题下，通过走心的内容设计，找到用户的痛点、趣点，才能引发用户由衷的分享，引起舆论共鸣，进而增强媒体内容的传播力、影响力。

今日头条和微博在2018年高考前夕推出H5②《高考毕业·心愿便利贴》，用户可以选择自己的年代，通过回忆触发情感，微博留言近5万条，点赞数22万，转载量近4万。中青在线以"今天，请给他们一分钟"为

---

① 原载传媒评论微信公众号，2018年8月7日。
② H5：指HTML5，即网页使用的HTML代码第五代超文本标记语言。

主题制作的清明节缅怀英烈 H5，用户可以在一分钟的时间里放平手机开始默哀，结束后显示用户的参与排名，引导用户分享，共同缅怀英烈。这个 H5 产品相较于其他同类产品更加注重仪式感。产品上线 3 天，点击量已突破 1414 万次，超过 1398 万名网友通过 H5 为英烈默哀，而由此引发的微博话题阅读量超过 5 亿。此外，中国蓝新闻在母亲节期间推出的 H5，同样找准了当今社会很多人对父母养育之恩难以言表、羞于表达的情绪共鸣点，以给妈妈送一首歌、一张贺卡为主题，制作 H5《我说不出的爱 用歌来表达》。

这些产品都在内容上进行了精心包装，在触动用户情感的基础之上，突出用户在产品中的"存在感"，让用户愿意去分享"我"对妈妈的爱、"我"曾经的高考心愿、"我"默哀的一分钟，借产品生成个性作品，表达"我"的心情。

产品呈现：体现用户个人色彩

在社交媒体中，用户通常会通过分享、点赞、评论等互动行为维持或促进好友关系。这样的社交行为本身是非常个人化的，因此，这类能够深度个性化展示自我的产品，往往更具"刷屏"潜质。

2018 年伊始，《汪年全家福》《创造"我"的草莓音乐节》《我的工位，桌上有刀，桌下有猫》三个"重量级"H5 产品接二连三地"霸屏"社交网络。这几个 H5 拥有丰富的素材，可以根据用户喜好创造更具用户个性的复杂场景，让用户在最后生成一张专属页面即个性作品，分享在社交网络里。

这类 H5 产品虽然在制作上花费时间较多，但往往能带来超出预期的效果，给用户更多成就感和更好的参与体验。此外，个人专属页面带有较强的社交属性，既能展示个人创造性的成果，也能将个人生活状态进行投射,进而驱动用户在社交平台进行分享。

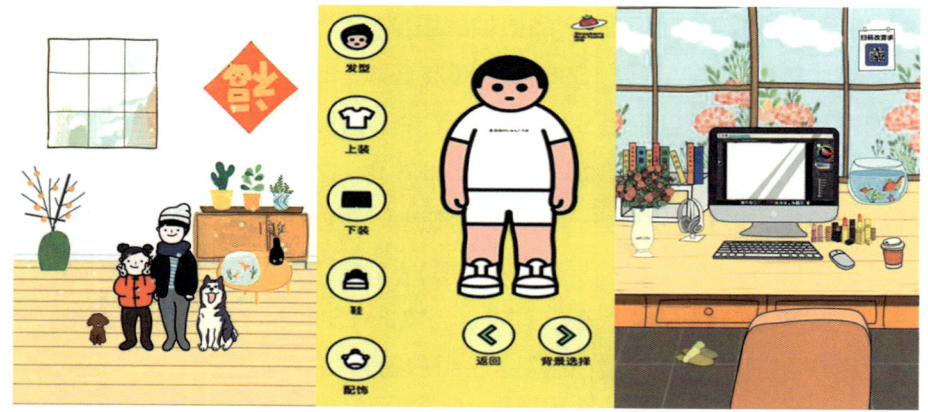

左起分别为《汪年全家福》《创造"我"的草莓音乐节》《我的工位,桌上有刀,桌下有猫》作品截图

最先流行起这股 DIY[①] 风潮的多是商业类 H5,但多个媒体也迅速抓到了这一点,推出不少个性化产品。例如网易新闻针对世界睡眠日推出的 DIY H5,也选择了自由拼贴的视觉效果,请用户搭配自己的"睡房"进行作品分享,成为爆款产品;浙江新闻客户端 H5 作品《2018,幸福生活"拼"出来》,通过融入复兴号等浙江元素,让用户自己描绘 2018 年的美好生活,同样极富创意;津云客户端则在父亲节期间,邀请用户回到过去的场景,并自行设置元素,生成与父亲的专属回忆。2018 年世界杯期间,不少媒体同样也采取了这一方式。

一方面,用户将自身的"私密"信息分享到社交媒体后加强了和好友之间的互动,另一方面,这类 H5 产品也方便人们通过相同或相似的"标签"寻找同属性的好友,进一步满足人们的社交需求。在这个前提下,一

---

① DIY: Do it yourself 的缩写,意为手工制作。

个可以展示自我个性的小作品，在传播性上要强于那些炫酷和拼效果的 H5 大产品。

互动效果：更强调用户参与度

2017 年，各大媒体推出的 H5 产品曾出现过场景化趋势，在设置中融入了地铁站、咖啡厅等场景，加强用户的参与感和熟悉感，也使用户更容易接受 H5 所传达的信息和相关理念。

中央人民广播电台在 2017 年两会期间推出的《央广主播朋友圈里都有啥？》《@你 央广主播王小艺的朋友圈又更新啦》等场景化 H5 作品，通过将时政性很强的新闻话题，转换成受众熟悉的朋友圈、群聊等接地气的方式，在微信公众号、微信群、朋友圈广泛传播，产生了裂变式的传播效应。2018 年，场景化 H5 趋势仍在延续，并且将移动生活场景融入更多时尚、互动元素，如 2018 年"王小艺"系列推出了升级版 H5 产品《央广女主播王小艺跑两会，一切听你的！》，加入了用户可以主导内容走向的多级互动，利用时下最新的手势识别技术，网友只需要发送自拍手势选择场景，就能和主播一起"跑两会"。

此外，人民日报客户端攫取 10 亿流量的爆款"军装照"这类主打"换脸"的产品也有所升级。人民日报旗下人民数字和环球网推出的 H5 产品《重温五四，你最像哪位文艺青年》，用户不仅可以展示自己的虚拟照片，还能对应历史名人，增加关联趣味性。

新华社则在改革开放 40 周年之际，推出了 H5 产品《这里有您一枚勋章，快来领！》，将用户的头像拼成"改革开放 40 周年"图像，用户可以点击查看头像具体位置，并且进行分享。

可以发现，这些强调互动的 H5 新闻产品很多都在标题中更加强调"你"，通过一个产品搭建起新闻和"你"之间的桥梁，通过"你"的参与，提升分享率和用户转化率。

分享引导：每个细节都是为了用户体验

在 H5 产品中，比较常规的"一键分享"设计有三种：游戏类 H5 产品，一般分享按钮会设置成"晒晒战绩""喊人 PK"或者"找人帮忙"等；测试或问答类 H5 产品，一般分享按钮会设置成"喊小伙伴来测""召唤别人来挑战"和"看看别人会测得怎样"等；活动类 H5 产品，一般分享按钮会设置成"带 TA 去……"和"呼朋唤友""喊人参与"等。

不少媒体花了很多"小心思"完善分享引导设计，提升用户体验。引导内容更加细化，浏览路径引导更加流畅，视觉效果更加酷炫。2018 年新年之际，人民日报客户端通过一段感人的视频先触发用户情感，在情绪渲染之下，以"明信片"作为主题，让用户可以上传图片，写下祝福，获取地理位置，制作一份给朋友的新年祝福。更特别的是，《人民日报》还和中国邮政进行了线下合作，用户可以通过完善地址信息将制作好的个性作品转化为实物明信片寄给朋友。通过"线上＋线下"的结合，双重引导用户分享。

在产品中融入小福利，并通过预设选项，降低用户操作难度，同样可以吸引更多用户参与，引发转发和分享。大多商业广告为了吸引用户关注品牌，通常会在 H5 中加入优惠券、奖品等内容，如今也有媒体借鉴了这一方式，并且在产品分享引导的设置上更加人性化。

湖南卫视对商家独家冠名播出的综艺节目《向往的生活》推出宣传 H5，进入首页，首先弹出活动规则，点击页面右上角的抽奖可以领取满减优惠券，然后进入游戏页面，拖动选择自己喜欢的场景与人物，组成一个你喜欢的场景样式生成海报，进行分享。进入游戏之前先领券，以此来吸引用户，让用户的体验感从"被迫"变成"主动"。

目前，大部分新闻产品在功能设计时考虑更多的是应用场景，对于分享的引导往往是比较常规的设计。事实上，我们可以发挥想象力，结合产品不同的功能、内容等，从用户角度出发，更加灵活地设计引导标签，也可以尝试设计活动、增加互动模块等，激发用户的分享行为。而在选择渠道上，不妨将微信作为一个较好的传播平台，将用户从客户端转移至微信平台，再通过他们的分享行为增加客户端的用户转化率。

02. 新玩法让改革开放报道"潮"起来[①]

王晓婕 / 文

历史长河中，总有一些特殊年份会被格外铭记。对于中国来说，1978年是不平凡的一年，改革开放的号角在那一年吹响。40年后的2018年，回望40年来的变迁，锚定航向再出发，无疑是这一年最重要的旋律。

在改革开放40年这样重要的历史节点上，主流媒体铆足全力，从年初开始，便陆续推出了一批时间跨度长、内容形态丰富的策划报道，多维度展现全国各地的发展巨变。

打造 IP[②]：让时光快闪

2018年10月26日，由人民日报社新媒体中心发起的致敬改革开放40周年线下快闪店——时光博物馆在北京三里屯正式开馆。

时光博物馆通过快闪店的形式把记忆实体化、数据化，先后在北京、上海、深圳开馆，场面十分火爆。

事实上，在推出时光博物馆前夕，人民日报便开始密集预热，如H5《为了遇见你 这座博物馆等了40年》，让用户在漫画H5中，选择不同物品生成不同年代的穿越图，定制专属时光，生成个性作品；开馆后，又配发了多个新媒体产品，如推出MV[③]《时光会记得》，H5《打开一份40年记忆的共享文件》《看，这就是当年的我》等，让时光博物馆不仅仅只

[①] 原载传媒评论微信公众号，2018年12月20日。

[②] IP: Intellectual Property，是一个网络流行语，直译为"知识产权"，该词在互联网界已经有所引申。故此处所指的"IP"可以理解为所有成名文创（文学、影视、动漫、游戏等）作品的统称。

[③] MV: Music Video，即音乐短片，又名"音乐视频""音乐影片""音乐录像"等；是指与音乐（通常大部分是歌曲）搭配的短片。

是一个博物馆，而是成了一个全民关注的爆款。

通过一系列产品的相互配合，时光博物馆成了爆款 IP，而以快闪形式将普通人 40 年的记忆落到实处，也是主流媒体线下活动的一种新尝试。同年，浙江新闻客户端推出了 40 年时光快闪店，还原改革开放 40 年印记，该店成为当年国庆假期众多浙江人打卡的时尚新地标。

借助数据：让回忆沉淀

时间流淌，40 年岁月也静静浓缩在了庞大的数据库里。我们发现，在实践中，主流媒体借助大数据，制作出不少优秀的融媒体产品，将 40 年的变迁生动呈现在读者面前。

比如，新华社参与了国家博物馆推出的"伟大的变革——庆祝改革开放 40 周年大型展览"，除了设置线下展区，新华社还推出 H5 新闻作品，通过岁月罗盘来展现改革开放 40 年来重大事件及新华社报道的经典图文及视频内容。

此外，新华社将自己的创意与其他平台的数据结合，也推出了不少有创意的报道。如新华社联合网易云音乐和人工智能团队运用人脸识别技术，将面部识别与年代金曲进行组合创新，推出了人脸识别互动产品，用户可以根据人脸识别匹配分析歌曲并自动播放，富有乐趣。再如新华社与百度合作推出的互动 H5 产品，通过邀请用户选择改革开放 40 年来心目中的新事物，自动为用户生成其专属词云。

换个载体：让报道来到身边

除了媒体本身的策划报道，主流媒体还将内容投放到生活中的其他可视化载体上，如地铁、LED[①] 路牌等，随时随地让大家都能感知到中国发

---
① LED：发光二极管，简称LED。

基于媒体融合流程再造的实践产品 / 010

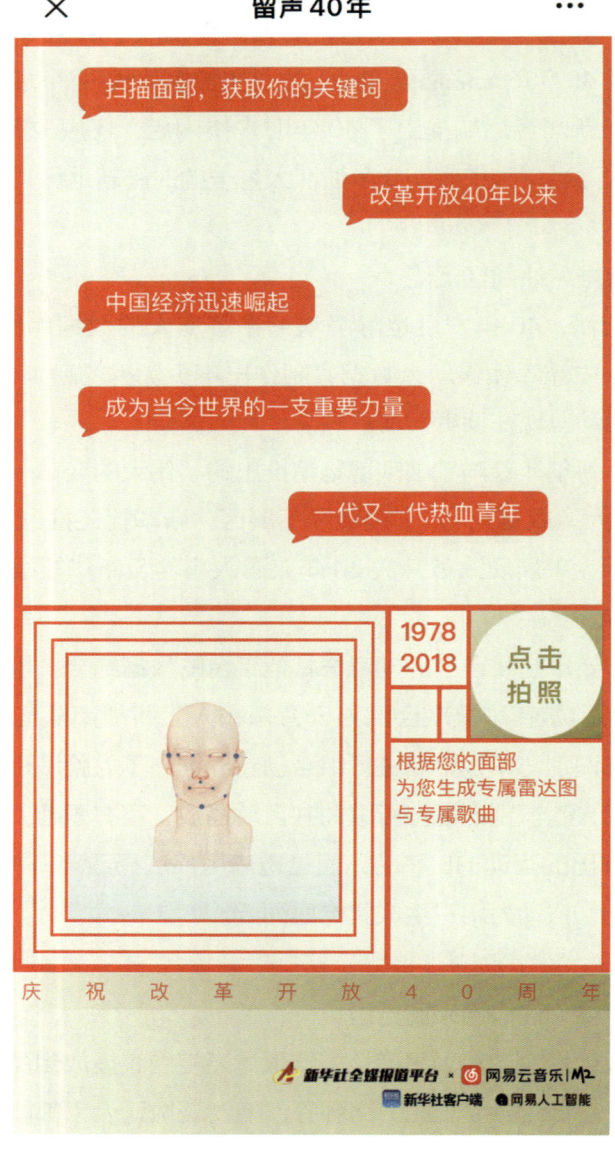

《扫描人脸生成你的时代金曲》作品截图

生的巨变。

人民网、人民日报全国党媒信息公共平台（简称"全国党媒平台"）和哈啰出行联合推出了征集活动"改革印记"，在城市中的哈啰单车上，可以看到"致敬40年 改革在路上"的字样，显眼又醒目。人民日报社新媒体中心联合广州地铁集团，在广州地铁五号线首发"中国有我"改革开放40周年主题列车，并用AR①技术展示了改革开放40年的成就和温暖人心的祝福语。

新快报社则联合广州公交集团举办"友爱℃，时光穿梭"公交车体验活动，旧式公交车"穿梭"在市民眼前，供市民乘车体验。

新快报社"友爱℃，时光穿梭"公交车体验相关截图

除了借助实体交通工具，让老百姓在日常的出行中感受到改革开放40年的成就，新华社还推出AR作品《天地工程》，以虚拟的火箭为载体，让用户感受到改革开放给中国带来的进步。新华社客户端的用户在任意平面上扫描，都可以看到火箭在你面前发射的全过程，动态效果逼真。

---

① AR: Augmented Reality，增强现实，缩写为AR。

平台转移：搭上流量快车

2017 年，短视频市场迎来爆发性增长，短视频行业也开始向内容多元化发展。随后抖音、快手等短视频平台愈发火爆，主流媒体也纷纷进场跑马圈地，通过有趣好玩的互动，来争夺用户的心。

中国网和快手合作推出"美好 40 年"征集活动，鼓励快手用户结合自身的特色，用短视频记录生活中的美好变化，制作个性作品；河南手机报则与抖音联袂推出了《改革开放四十年，家乡变化"抖一抖"》特别报道，几千个"抖友"上传原创短视频"抖"出家乡美；央视网、央广网等媒体联合火山小视频发起"行家故事 40 年"征集活动，让用户通过短视频分享新兴行业故事，记录自己亲身感受到的改革变化和美好生活。

除了短视频平台，同样聚集流量的微博、在线答题平台等也成为主流媒体改革开放报道的宣传阵地。如中国日报在微博和抖音上同步推出《文化名人手语致敬改革开放 40 周年》短视频栏目，邀请文化艺术界名人通过简短语言和手语手势，表达对祖国改革开放 40 周年的祝福；央视新闻在微博推出"晒晒我家的全家福"互动征集；央视财经与在线答题平台合作推出了央视财经"厉害了我的国"答题专场活动，吸引超过 1500 万人次的网友参与，用户可以在答题的同时，感知 40 年来生活的变化。

用户参与：迅速生成 UGC[①] 产品

在重大主题报道中，为了吸引用户的关注和参与，不少主流媒体会推出征集活动，让用户参与到报道中来，成为报道的一部分。改革开放 40 年的报道，不少主流媒体也是这么做的，且创意活动层出不穷。

在改革开放 40 周年的策划报道中，我们还发现有的征集活动已不再仅仅停留在让用户贡献素材，而是形成了报道角色的转换，并且通过简化

---

① UGC: User Generated Content，指用户生成内容，即用户原创内容。

制作流程，让用户更容易参与活动，成为报道的作者。

　　例如新华社客户端联合来画视频、视觉中国等多家机构和媒体，共同举办"一起来画——庆祝改革开放40周年动画短视频大赛"，为了鼓励更多人参与其中，活动还针对大赛主题，设计并上线了一批"改革开放"系列模板，为参赛用户提供创意灵感，也降低了视频制作的技术门槛和时间成本；澎湃新闻推出的"40年家国协奏曲"微视频征集活动，同样从用户角度出发创造了一条"记忆之路"，用户可以直接在澎湃新闻的模板中添加内容，轻松创作。

澎湃新闻"40年家国协奏曲"活动界面截图

　　改革开放40年来中国的发展变化，老百姓是最有发言权的。通过这类模板化的产品，降低内容生产门槛，让用户直接参与到报道策划中来，无疑赋予了改革开放40周年报道更多的活力和感染力。

03. 打造现象级爆款，人民日报有啥套路[1]

王晓婕 / 文

继 2018 年以一波"回忆杀""刷屏"的时光博物馆后，人民日报社新媒体团队在 2019 年 5 月又一次启动"造 IP 行动"——5 月 10 日至 12 日，以致敬"510 中国品牌日"为主题的"有间国潮馆"开张，再创北京三里屯区域的排队记录。而在线上，相关话题的参与人数更高达 5 亿人次，可以说，又一个现象级的爆款诞生了。

人民日报有间国潮馆及排队盛况

从"时光博物馆"到"有间国潮馆"，人民日报似乎已渐渐琢磨出了一些打造现象级 IP 的套路，我们不妨以有间国潮馆为切口，去看看人民日报有啥高招。

预热期：明星效应加持引发全民关注

首先要肯定，国潮馆是个新鲜的创意。

---

[1] 原载传媒评论微信公众号，2019年5月24日。

对于线下的展馆,人民日报费尽心思让它足够时尚有趣。以"国潮"文化符号为切入口,围绕国货、国艺等板块,有间国潮馆被设计成了六大创意展区——"人在画中游",一秒踏入《千里江山图》画卷;"天工开物",用手指触碰墙壁,整个星空浮现在眼前;"移动造物",让参观者真切体验一把自己造汽车、高铁、航母的感觉……这一切"异想天开",在有间国潮馆都变成了现实。用时尚化语言讲述不一样的中国风,激发每个人心中的文化自豪感,成了有间国潮馆最大的亮点。

有间国潮馆"人在画中游"展区

三分创意七分传播。整体来看,对于有间国潮馆的传播造势,人民日报做足了准备,通过预热、爆发、后期维持三个阶段环环相扣,层层递进,形成了持续的热点。

在预热期,为了让用户知晓有间国潮馆,人民日报除了在自有平台宣传外,将更多精力投放到了社交平台,在微博、微信公众号等渠道强势推广。

5月7日，人民日报微博、微信公众号同时推出微视频，邀请郎朗、王珮瑜等文化名人拍摄视频，定义他们自己心中的"国潮"，以名人带动有间国潮馆的传播；5月8日，人民日报又推出了此前多次尝试的手指舞，发起"国货发光"挑战赛，请用户跟着明星一起打卡。

除了邀请名人、明星进行宣传造势外，人民日报还推出了互动微博，提前让用户参与。5月8日，人民网借助微博平台，连发3条互动微博，为即将到来的活动进行预热。单条微博回复量均破千，不少用户在留言中畅谈自己心中的国货品牌，引发一波"回忆杀"。

此外，人民日报还联合快手客户端进行宣传，在快手客户端推出"晒出我的国潮范儿"活动，网友们通过短视频形式晒出了自己对戏曲、汉服、国乐、非遗技艺等的热爱。

爆发期：多维度发散传播，线上线下联动全面"刷屏"

传播需要爆发点，移动互联网社交时代的传播引爆点在于"让更多人参与并行动起来"。

5月10日至5月12日，有间国潮馆在北京三里屯正式开馆后，人民日报通过"媒体＋国货企业＋KOL[①]＋用户"的模式进行多维度发散传播，线上线下的联动让活动达到高潮。

在自身层面，人民日报在各平台全方位造势，相关话题的参与人数累计高达5亿人次。在微博平台，人民日报发起"我为国货代言"话题，截至5月21日，阅读量超过2000万，有间国潮馆的话题阅读量则突破1.2亿；可视化作品《国货品牌与人民日报的第一次》，用长图形式展示了带有光阴痕迹的品牌故事以及《人民日报》版面上的相关报道，同时宣传国

---

① KOL: Key Opinion Leader，营销学概念，指关键意见领袖，缩写为KOL。

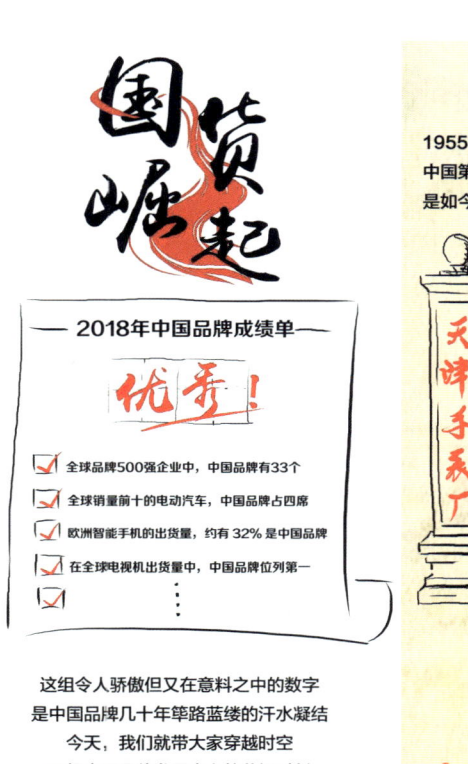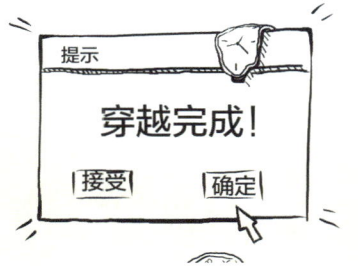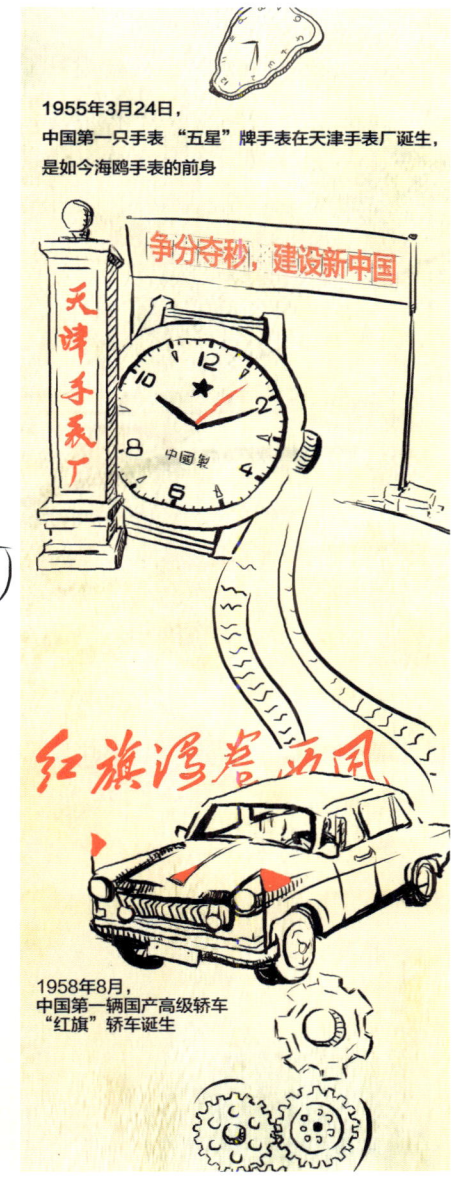

《国货品牌与人民日报的第一次》作品截图

货和品牌自身，起到双赢效果；街采视频让用户分享心中的国货第一名，为国货代言；开馆当天，人民日报又借助眼下最流行的 Vlog[①] 形式，带用户"云逛"博物馆；除此之外，还与酷狗音乐合作，推出主题曲《国潮时代》和连续两天的"国潮之夜"特别演出。

借助各个入驻有间国潮馆的企业的转发和联动，也让国潮馆影响力加强。此外，不少 KOL 和普通用户也通过微博、短视频、视频直播等渠道和形式，第一时间分享国潮馆参观感受，吸引更多人参与进来，形成了"参与—分享—再参与—再分享"的裂变式传播。

延续期：跨界、抽奖……传统媒体也很"潮"

在有间国潮馆线下闭馆后，如何让活动保持一定的热度和用户参与度，人民日报采用了抽奖方式，让用户可以继续参与互动，并持续邀请文化名人助力推出微视频，一同为中国品牌加油。

值得一提的是，人民日报此次还和国货运动品牌李宁来了一次跨界合作，联名推出连帽衫、T 恤、挎包、渔夫帽等，以《人民日报》报道过的李宁体操生涯高光时刻为主要内容，全系列产品的印花都取自真实的文字报道和老照片，十分怀旧。

5 月 18 日，《人民日报》又在头版《今日谈》栏目推出评论《"有间国潮馆"何以引发热潮》并将主题曲《国潮时代》以二维码形式嵌入版面中，将此次活动进行总结和升华，文中提到，"筑梦中国潮，愿故事里有你也有我"。

"有间国潮馆"系列活动在展示强国之路、激发情感认同、坚定文化自信的同时，也激发着人们奔跑向前的热情。如果说，"时光博物馆"系列活动只是人民日报的试水，那么这次推出"有间国潮馆"系列活动，在

---

① Vlog: Video blog，视频博客，简称Vlog。

传播造势上，无疑是驾轻就熟，也更有章法了。

在不到一年的时间里，人民日报连续打造了两个爆款IP，总结其背后原因，可以将它看作是一种以用户为中心的创新实践。在这一实践过程中，人民日报坚持了"真"和"新"。"真"是"真情实感"，"新"是"探索创新"，通过小切口主题，以不同路径的传播方式带动用户一同参与，最终为读者用户送上了一场有烟火味的沉浸式体验，并实现了裂变式传播。

04. 报道经济半年报，党媒用了"三味药"[①]

章晨曦 / 文

2018年7月16日，国家统计局发布了上半年主要经济数据。此后，全国各省（区、市）相继发布各自上半年主要经济数据，中央与各地党媒也自此拉开了2018年度首批重要经济数据的解读报道。

2018年上半年，国内外经济形势复杂，很多人担心：作为当今世界最大的出口国和贸易国，中国经济会受到怎样的影响？我们的经济韧性够不够强？能不能"扛得住"？所以，这份"半年报"也更加让人期待。

各党媒在报道中紧紧抓住了这样的大背景，用"三味药"向受众解疑释惑，成效卓著。接下来，我们不妨就从各大党媒的经济半年报报道中，来一窥"三味药"的精髓。

"问题丹"：问题导向挖新闻

经济报道，数据是基础，如何从数据中发掘亮点，解答受众的疑问，以数据来阐述新闻故事，深入解读专业数据，提示观点、引导舆论，则是其本质与核心。

数据时代，如何准确提取、分析数据，已逐渐成为经济报道的关键步骤。由点及面，首先带着问题在数据大海中挖掘新闻亮点，而后通过对重点数据的抓取、挖掘、统计、分析，摘取重要信息并进行可视化呈现，已经成为绝大多数媒体的首选之策。因此，在经济半年报的呈现形式中，重点突出、条理分明的一图读懂式可视化产品便成了各家媒体的当家作品。

[①] 原载传媒评论微信公众号，2018年7月31日。

围绕GDP、人均可支配收入、物价、失业率等受众最关心的问题，挖掘新动能、新消费、新业态等亮点，一图读懂式的可视化产品将冗杂的数据信息以及错综的关系链以形象、生动、简单的方式呈现，提升了专业新闻向受众"阐释"问题的效果。部分产品还添加了动态效果，使得数据更鲜活，变化更明显。数据可视化呈现在一定程度上还破解了受众接受度的"梗阻"，精练简洁的内容，尤其突出了各家媒体挖掘出的数据新闻点。

除了呈现方式上的优化与提升，文字类报道的标题也开启了"数读"时代。在经济半年报报道中，《中国经济周刊》以"10项数据看懂2018中国经济'半年报'"为标题提炼10个方面亮点，用10个浅显易懂的小标题，将庞大的数据梳理出了清晰的脉络；中国政府网的"上半年中国经济怎么样？8组动图看明白"，《经济日报》的"干货 五大亮点解码中国经济半年报"，中新社的"经济观察：2018年中国经济半年报呈七大亮点"，《文汇报》的"数读上海经济'半年报'"等标题，都通过"数据化"标题直接点明了文章的核心内容，让读者一看标题便"心中有数"，阅读正文时目标更为明确，在很大程度上提升了阅读体验。

"结构丸"：纵横对比找亮点

截至2018年7月29日，除新疆、西藏和吉林上半年经济运行情况未公布，全国有28个省份交出上半年GDP成绩单。全国各省（区、市）半年经济数据体量庞大，如何从更为宏观的角度做好经济报道，提升报道内容的品质与高度，也是一个不小的挑战。各家媒体选择了将数据放在时间与区域的坐标上进行纵横比对分析，手握全局大观站在更高的视角俯瞰经济数据，凸显出各地特征与优势。

以速度见长的澎湃新闻立足这样的报道观念：根据各省（区、市）的经济数据公布情况，推出了一系列"半年报"对比类稿件，深入比对、挖掘各省数据，提炼重点并及时进行了推送。

截至7月24日，中部六省上半年经济数据尽数公布，25日晚间，澎湃新闻便推出了《中部六省经济"半年报"出炉：河南总量居首位，江西增速最快》，从数据对比中挖掘出中部六省河南排名居首，江西上半年GDP总量首次突破一万亿元关口，多省份高新技术产业蓬勃发展等多个新闻点。7月25日，河北省统计局发布上半年该省经济运行情况，27日上午，澎湃新闻便推出稿件《上半年GDP排名前十省份出炉：三个省的排位同比发生了变化》。虽然稿件内容仅500余字，但涵盖内容丰富，分析今昔变化，剖析变化原因，深入挖掘了数据蕴含的精髓。截至29日，全国28个省份公布半年经济数据。29日晚澎湃新闻又推出《28省份经济半年报：四川湖北超河北，重庆天津增速大放缓》。稿件将28省数据进行集中比对，制作排行与增速对比两张可视化图表，寥寥数笔，言简意赅、扼要分明。

"信心汤"：展望未来立信心

在经济形势复杂的大背景下，央媒及各地党媒的半年报解读报道在内容策划中除了惯例"承前"，还更加聚焦前瞻性的报道，展望未来，凸显信心。

新华社自7月17日起推出"年中经济形势"系列述评，截至25日已推出了8篇述评文章，从首篇《稳健运行 底气更足》到第8篇《回应新期盼 增强获得感》，标题中以"创新""潜力""未来""破旧立新"等关键词奠定报道基调，具有强烈的前瞻性与期待性，同时把握舆论大方向，为读者树立信心与期待。

新闻链接

稳健运行 底气更足——年中经济形势述评之一

结构更优 动力更足——年中经济形势述评之二

创新涌现 潜力广阔——年中经济形势述评之三

面向未来 合作共赢——年中经济形势述评之四

有序去杠杆 风险可控——年中经济形势述评之五

破旧立新 拓展空间——年中经济形势述评之六

新华社"年中经济形势"系列述评部分文章

无独有偶,各省(区、市)主流媒体推出的系列策划,同样在为各省(区、市)下半年经济工作摇旗呐喊。

《福建日报》在福建省2018年上半年经济数据发布后,推出了《以高质量发展实现赶超·年中看经济》专栏,剖析上半年经济形势,助推下半年经济工作。在总结上半年福建省经济发展质量效益持续提升,产业结构不断优化,新旧动能加快转换,稳中有进、稳中向好的发展态势进一步巩固的同时,紧扣以高质量发展实现赶超任务的要求,为下半年工作抓重点、破难点,补短板、强弱项,为确保年度各项目标顺利完成助力前行。

《湖北日报》同样推出了年中经济相关报道专栏《透视半年"成绩单"》,栏目稿件侧重从好于计划、好于同期、好于预期的半年经济"成绩单"中挖掘湖北经济显现出的具有转折性意义的趋势与变化。同时,《湖北日报》还推出了以"全力以赴打好全年经济工作下半场"为主题的系列评论,更是完全将报道重点放在了论述如何做好下半年经济工作上,具有很强的前瞻性。

  技术的发展只是为经济报道的跑车加上了更为精良的引擎，日益丰富的呈现方式让读者眼花缭乱，回归新闻视角的本心会让经济新闻解读更深刻、内容更专业、角度更独到。在这一年的经济半年报报道中，传统党媒依靠"三味药"，通过报网端多维提炼挖掘精准信息，坚守经济新闻报道专业性，以有理有据的报道，稳住了舆论大方向。而报道样式的拓展方面，或许还可以考虑进一步挖掘经济数据背后的人物故事，让经济报道更加鲜活生动，少点枯燥，多点温度。

05. 10年过去，改革开放纪念报道有啥不一样了 [1]

韩青峰 / 文

2018年9月10日，《人民日报》《光明日报》《经济日报》等全国主流媒体将目光对准了浙江湖州织里镇，刊发长篇报道，展现改革开放以来这座小镇的巨大变化。

有个成语叫"日异月殊"，意指每天每月都有差异，形容变化大。2018年是改革开放40周年，与10年前的改革开放30周年报道相比，报道形态、叙事方式的变化也可用"日异月殊"来形容。我们梳理了2018年年初到8月底，主流媒体推出的改革开放40周年纪念报道，来看看它们都有哪些新特点。

移动端新军突起

2008年，我国手机网民的规模是1.17亿[2]。10年后，这一数字达到7.88亿[3]。对于大众媒体而言，手机移动端的普及，也让新闻报道的叙事方式和呈现形态发生了天翻地覆的变化。同改革开放30周年报道相比，改革开放纪念报道的主战场从纸媒、网站转移到了移动端，针对受众阅读习惯的改变，可视化图解、VR[4]、H5等技术被大量地运用于报道中。当然，这种形式上的变化只是外在表现，而内在方面，同10年前的报道相

---

[1] 原载传媒评论微信公众号，2018年9月11日。

[2] 《〈第23次中国互联网络发展状况统计报告〉发布》，《数码世界》2009年第3期，第15页。

[3] 中国互联网络信息中心：《第42次〈中国互联网络发展状况统计报告〉》，中国网信网，2018年8月20日，http://www.cac.gov.cn/2018-08/20/c_1123296882.htm?from=timeline，2018年9月10日。

[4] VR: Virtual Reality，虚拟现实技术，缩写为VR。

比，2018年的改革开放纪念报道明显地呈现出用户导向、以人为本的特点，通过优化用户体验，提升了报道传播力和影响力。

VR新闻的出现打破了时空限制，使用户仿佛身临其境。这种形态运用到改革开放40周年报道中，能让用户更好地体验"变化"。例如，央视网推出VR新闻作品《改革开放40周年·昔日小渔村的华丽蜕变》，通过VR镜头带领用户感受深圳渔民村的变化，只要滑动屏幕，就能看到360度全景画面。

常规的可视化新闻虽不能使读者"沉浸"其中，但它将抽象的文字和数据转化为图表，也令新闻报道更加形象、具体。时刻新闻客户端推出的系列可视化作品《热词新说》，将高考、自行车、出租车等时代热词融入可视化动图里，在信息传递的同时也兼具趣味性；求是网推出可视化图解新闻作品《改革开放40周年，一图读懂"伟大觉醒"》，以长图的形式，探讨了"改革开放的出发点""怎样将改革开放进行到底"等问题。

H5+社交、H5+游戏、H5+快闪……H5的各种花式玩法也被运用在了改革开放40周年报道中。例如，澎湃新闻客户端推出H5产品《激荡40年 那些改变中国的瞬间》，通过问答题的方式，回顾了40年间中国民营企业家在遇到重大选择时的瞬间，强化了用户的参与和互动；浙江新闻客户端推出H5产品《让40年的记忆小小地绽放下——我们身边的老物件征集》，用户不仅可以观看40年来的老物件，还能参与征集活动，上传自己家的老物件故事；央视财经联合百度地图推出春运H5游戏《春运40年 不变游子心》，让读者体验开着火车回家，看40年岁月变迁，为火车加速奔跑；南方+客户端推出H5产品《桥桥桥桥过来！爱摄影的你，快用光影"桥"见改革开放40年》，采用了快闪动画的形式，并且配有音频，号召全民参与桥梁摄影大赛。相比过去的图文报道，H5产品往往能够带给用户更强的互动性和参与感，让用户潜移默化地感受40年之变。

短视频言简意赅

"记者出镜＋人物采访"是视频新闻最常见的做法。2018年短视频成为媒体开展视频报道的主要选择，形态上也不再仅限于"记者出镜＋人物采访"的传统模式，更多的是将大量动画、数据等元素融入其中。

围绕改革开放40周年这一主题，各媒体推出的短视频时长大多在5分钟以内，时间短、轻量化是其突出特点。《中国日报》推出的视频新闻《1分钟带你感受40年中国交通变迁》，从自行车王国到世界级交通网络，用1分钟回顾了40年中国交通的变迁。此外，央视新闻推送的视频《改革：勇闯深水区》，讲述"没有完成时"的改革故事；新华网推出视频《2018，春天里的改革故事》，聚焦党的十八大以来中国全面深化改革的步伐。这两则切口更为宏观、叙事更加宏大的微视频，时长也都没超过5分钟。

央视新闻作品《改革：勇闯深水区》截图

除了更加短小精悍，"动新闻"也成为视频报道的新增亮点。故事素材与动画的结合，满足了人们动态化获取信息的需求。例如，央视网推出的新闻作品《春风化雨——改革开放40年中的文化变迁》，以动画视频的形式，展现了40年来中国文化的变迁，借助文字、声音、图像等全方位调动起读者的感官，激起人们的好奇心和观看欲望；央广新闻推出《数描40年·对外开放进行时》，在手绘动画的基础上，对大数据进行解读，反映了中国40年来秉持"引进来、走出去"的思维，不断吸纳世界智慧，同时也为完善全球治理建言献策，贡献中国方案。

央广新闻作品《数描40年·对外开放进行时》截图

此外，MV、航拍、手绘、沙画等多种形式也被广泛运用于视频的制作中，拓宽了新闻报道的方式和思路。如华龙网推出MV《40年，这座城·这些桥·这群人》，在说唱中展现了山城40年来的发展成就；中国军网推出视频《5分钟了解改革开放40周年那些事》，通过手绘、沙画的形式，带读者再一次重温改革开放之路；《现代快报》推出视频《120秒飞越40年！航拍中国改革开放前沿第一路》，通过无人机航拍，实景呈现了深圳这座城市的新貌。

全媒体汇聚合力

大型主题式采访涉及范围广、参与人员多、报道方式全,能够形成报道的联动性,强化宣传效果。针对改革开放40周年这一重大历史事件,既有中央部门统筹的全国"一盘棋"式主题采访活动(面),又有地方分别开展的主题采访(点),并且均以全媒体的方式展开报道。这种"点面结合+全媒体报道"的形式,形成了全方位、立体化的宣传合力,成为引领舆论引导新方式。

2018年5月,由中央宣传部组织的"壮阔东方潮 奋进新时代——庆祝改革开放40年"大型主题采访活动正式启动。一方面,中央和各地媒体要奔赴深圳、珠海、汕头等地开展采访;另一方面,各级媒体也统一开设了《壮阔东方潮 奋进新时代——庆祝改革开放40年》专栏,推出系列采访报道和新媒体产品,进而形成全面的报道声势和力度。

除了中央部门统一组织的采访活动,各省(区、市)也或单独或联合开展主题采访活动。例如,在江苏,新华报业传媒集团推出了"史诗40年!江苏改革开放再出发"大型全媒体行动,采取"2+10+N"的总体格局,即两项具体活动、十大全媒体行动和集团各子报刊网的若干创意策划报道,力求全媒体多方位呈现江苏在不同时期的发展历程。在长三角地区,沪苏浙皖四省(市)推出了"奋斗新时代——长三角改革开放再出发"主题采访活动,最大限度地发挥区域联动优势,这一主题采访同样采用了全媒体报道的方式,不仅有文字、图片、视频等形式,还运用了H5、可视化图解等手段,立体化展现了各省(市)改革开放之路。

由此也可以发现,随着报道手段的进步,与10年前相比,主题采访从策划之初便立足于全媒体报道,报道更加立体,传播范围也更广。

06. "丰收节"报道如何烹出丰收味[①]

王晓婕 / 文

稻谷飘香，蟹肥菊黄。2018年9月23日，我国迎来了首个"中国农民丰收节"，神州大地被浓浓的丰收喜悦包围。

经党中央批准、国务院批复，自2018年起，我国将每年农历的秋分，设立为"中国农民丰收节"。这是第一个在国家层面专门为农民设立的节日，有助于进一步彰显"三农"工作的重要地位，引起全社会对农业、农村、农民的关注和重视，还能推动乡村振兴战略实施，促进农业、农村加快发展。

主流媒体从节前约一个月开始密集推出相关策划和报道，在中秋之际，为用户烹制了一顿"丰收大餐"。

提前预热造势，奠定群众基础

中国是农业大国，农耕文化源远流长。中国农民数量占人口的最大多数，是几千年来中华民族发展的脊梁。首个"中国农民丰收节"自然也是声势浩大，"1+6+N"的活动安排（即1个主会场活动，6个分会场活动，若干系列活动），加上100多个地方特色系列活动，形成上下联动、遍地开花的节日氛围。

事实上，自从2018年6月公布设立"中国农民丰收节"后，主流媒体便不时推出相关报道或新媒体产品，离节日越近，策划报道越发密集，为这个首次到来的节日提前预热造势。

在新媒体端，红网是较早推出相关策划的省级党媒。自8月23日起，

[①] 原载传媒评论微信公众号，2018年9月26日。

红网、时刻新闻推出系列报道《大地颂歌·庆祝首个中国农民丰收节》，聚焦三湘四水新农村，晒出丰收和幸福。

红网的《大地颂歌》截图

在纸媒端，主流媒体也相继开设相关专栏，《光明日报》自9月12日起开设专栏《喜迎首届"中国农民丰收节"》，邀请相关领域专家学者谈农耕文化、话丰收成果，多角度呈现农耕文化和民俗活动；《浙江日报》《河北日报》《重庆日报》《大众日报》等省级党报也紧跟其后，开设喜迎首届丰收节的专栏，展现各地丰收美景，抒写农民喜悦心情。作为行业媒体，《农业科技报》从9月3日起在头版位置，推出倒计时的版面设计，营造了节日到来的仪式感。

相对于其他有悠久历史和深厚群众基础的节日，对于用户来说，"中国农民丰收节"这一年轻的节日，确实有点陌生。大部分主流媒体采用了征集活动或是互动性强的H5产品等形式，吸引用户提前参与，成为丰收节的"粉丝"。自9月12日起，新华社联合快手客户端推出"丰收中国"短视频征集活动，一起晒出用户的丰收故事；9月21日《人民日报》联合快手等平台推出征集活动"最美丰收"，让读者共享丰收的喜悦和欢乐；

中安新闻客户端推出互动答题 H5 产品，邀请用户听农歌、猜歌名、烘托节日报道氛围。这都为首次到来的"中国农民丰收节"打下了丰厚的群众基础。

报道呈现"丰收节+"，内涵层次更丰富

"稻花香里说丰年，听取蛙声一片。"主流媒体对"中国农民丰收节"展开了"加法"报道，围绕中心工作，提升宣传效果。

在客户端开设丰收节主题页并推出直播节目，是各大媒体采用的报道方式之一。不少媒体还结合了"乡村振兴"和"脱贫攻坚"战略，用报道全面呈现神州大地"鱼肥果甜稻米香，金秋九月丰收忙"的欢腾景象。央广网推出游戏 H5 作品《我是农民大富翁》，模拟了游戏大富翁，让用户在游戏中了解国家对各类农业发展的优惠政策等。此外，在声漫栏目《习声回响》中，央广网为用户解说乡村振兴战略。新华社视频新闻作品《一碗米饭的味道》除了关注新农人外，还采用了讲述中国脱贫的成绩单这个角度。

丰收节是乡村文化振兴的"播种机"，也是优质特色农产品进城的"助推器"。在丰收节报道中，不少作品也着重呈现了当地特色农产品，如时刻新闻客户端推出音频 H5 作品《丰收宴 18 名贫困县的农民想请你吃个饭》，以 18 名贫困县农民的口吻，介绍当地的"丰收之味"；川报观察客户端推出视频栏目《"村红"会带货》，每期介绍当地特色农产品；共青团中央联合微博共同发起"我和我的家乡"活动，通过明星效应引领社会各界力量一起深度参与到具体活动中，并为自己家乡的特产代言。

首个"中国农民丰收节"恰好遇上中国传统节日——中秋。为了擦出更多火花，主流媒体也放出大招，纷纷将中秋元素融入在丰收节报道中。央视新闻着重体现了"乡愁"二字，推出系列视频《碗里的乡愁》，以普通农民视角描述乡村生活，温馨感人；央视新闻微博则推出了服务类系列视频《丰收了！我给中秋家宴加道菜》，让用户可以在中秋团圆之际，吃上一道不同地域的特色美食。

时刻新闻《丰收宴 18名贫困县的农民想请你吃个饭》截图

以"人"为本策划产品，全方位说好丰收故事

农民的节日，要让农民成为主角，展现亿万农民的荣誉感，也要让更多城里人了解丰收节、参与丰收节，最后爱上丰收节。创意迭出的融媒体

产品，让全社会都感受到了丰收的喜悦。

为了调动农民参与的积极性，体现农民的主体地位，澎湃新闻推出《王者农民》系列报道，讲述那些新时代农民领军人物如何踏着泥土的芬芳，在融合现代文明与农耕文化中，共创农村美好生活的故事；人民日报客户端推出MV《丰收节咏叹调》，新农人自己唱好属于自己的"农之歌"；新湖南客户端则推出音频H5《千年中国色，湖湘丰收景》，选取了湖南大地上的农民代表，讲述自己的劳作故事。

现代人的生活看似离农耕越来越远，主流媒体通过对农业发展的历史回顾唤醒用户对传统农耕文化的记忆，如红网推出长图形式的H5《稻湘说：一株水稻的文明极简史》，以水稻为切口，从古至今介绍传统农业的发展；《江西日报》推出特别报道《稻米的恩赐——为第一个"中国农民丰收节"而作》，介绍了稻作文化的历史，并在版面配色上采用了类似稻谷的颜色，沉稳大方；央视新闻用可视化产品解读了"农""丰"二字，以独特视角弘扬农业文化。

此外，在此次节日报道中，不少媒体采用了小游戏或是测试题等互动H5，通过节日提供的大平台，让城里人发现农村的美，感受丰收的喜悦。新华社推出测试类H5，用户可以通过分辨农产品来加深对农业的认识和兴趣；农视网和快手联合出品了一款非常烧脑的互动游戏H5《丰收大作战》，将"大家来找碴"的游戏元素融入其中，整个游戏场景被设计成中国地图的区块，让各地的作物种类和地域习俗产生一定的关联，用户在进行游戏的同时，能对国家的农作物分布情况有一定的了解；人民日报客户端的H5《一起来丰收》，用户可以通过上传照片，欣赏到系统合成的劳作照片。

红网《稻湘说：一株水稻的文明极简史》相关截图

央视新闻的《说文解字 农民丰收节》相关截图

07. 一分钟视频，极小窗口里的大风景[①]

梁亮 / 文

在众多的融媒体产品中，短视频已成为一种较为常态化的新媒体报道手段。在改革开放 40 周年报道中，这种形式也被广泛运用。但在如此宏大，而且几乎所有媒体都会主攻的主题上，如何才能让自家的短视频产品脱颖而出呢？

人民日报成功了。

2018 年 3 月 5 日，人民日报社新媒体中心推出 3 集系列宣传片《中国一分钟》，为讲述中国改革开放 40 年发生的巨大变化和取得的成就找到了一个全新的切入方式，打响了改革开放 40 周年主题报道的第一枪。之后，几乎每逢重要节点，都会有同款"一分钟"微视频跃入用户眼帘。而从国庆节开始持续推出的《中国一分钟·地方篇》，更是在全网带起了节奏，成为改革开放 40 周年主题创作的爆款产品，取得了极佳的传播效果。

创新"系列"概念：让"一分钟"成为"品牌"

"一分钟"的成功，不是偶然。

其实，系列微视频在近几年并不少见，尤其是在关键的时间节点上，主流媒体经常会推出这种形式的视频产品。例如，围绕党的十九大召开，新华社曾精心打造 4 集系列微视频《我们的自信》；光明日报客户端也推出《十九大时光》系列微视频，以不同群体的视角为切入口，既有对十九大报告的解读，也有受访者对身边故事的述说；人民网推出大型系列微视

[①] 原载传媒评论微信公众号，2018 年 12 月 13 日。

人民日报社新媒体中心系列宣传片《中国一分钟》部分截图

频《56个民族儿女寄语十九大》，展示各民族和睦相处、和衷共济、和谐发展的喜人局面。此外，2018年全国两会期间，央视推出的《两会新观察》、上游新闻客户端的《2018两会时间》、浙江新闻客户端特别推出的《独家访谈·书记市长与您面对面》等微视频作品，也可以看作是系列微视频栏目了。

这些系列微视频比较明显的特点是，其一般通过固定的栏目、特定的主题或主角（包括主持人或卡通人物等）来实现系列视频的串联。人民日报社新媒体中心"一分钟"微视频却跳出了这种固有的模式，创造性地把每一期视频统筹在一种策划思路之中，即通过"一分钟会发生什么"这个设问，去展现主题。比如《中国一分钟·地方篇》系列微视频，虽然也都围绕同一主题，即反映改革开放 40 周年来各地的发展、成就，但"一分钟"的核心概念却让这些视频穿珠成链。系列微视频通过回答"一分钟会发生什么"这个设问，将各种数字融入简单的字幕中，与视频画面相结合，既能够全方位呈现地方的山河风光，又突出地域特色与地方的发展变化。

这样的妙处就在于提供了一个创造性的拍摄思路，而其内容、素材可以不断变化丰富。

人民日报社新媒体中心于 2018 年 3 月 5 日推出 3 集国家形象宣传片《中国一分钟》后，"一分钟"微视频逐渐延展出一系列主题视频，在各种重大时间节点上被频繁推出，如建军节的《军人一分钟》，上海合作组织青岛峰会前发布的《青岛一分钟》，等等。慢慢地，对受众而言，"一分钟"就不再只是一个标题，而成了一个品牌，一个有着鲜明特色的微视频品牌，一个让《人民日报》能够更好地在新媒体中传播的品牌。

巧妙运用数据：将数字与画面完美结合

从内容上看，"一分钟"微视频的亮点在于对数据的运用，它以数字为核心表现形式，来解答"一分钟会发生什么"，并借此展示主题。比如《中国一分钟·地方篇》就以"一分钟，宁波舟山港吞吐量 1902.6 吨"、"一分钟，在港珠澳大桥上可行驶 1670 米"等数据，充分地展示了改革开放以来各地的成就与变化。尽管没有精美的可视化图表和炫酷的交互呈现，但它却把数据运用得恰到好处，通过巧妙的数字选择以及与画面的完美配合，取得了极佳的呈现效果。

这种将数据与画面相结合的视频表达方式，尤其适合成就性报道，用来做改革开放 40 周年报道可谓恰到好处。

这样的产品或许可以归为数字新闻。数字新闻在清末民初时期就随着外国人办报而进入我国并持续发展，一直显示出强大的适应性，相较于通

人民日报社新媒体中心《中国一分钟·地方篇》系列视频之《浙江一分钟》截图

讯或消息更加简洁明了、节省版面。将这种逻辑延伸到新媒体领域的话,"一分钟"微视频显然是数字新闻的优秀体现。

在传统媒体的转型期,不少媒体都试图在数据新闻方面寻找突破,但这对其数据挖掘、分析,以及可视化、前端交互方面都有着不低的要求,很难一蹴而就,实现大跨步发展。而像"一分钟"微视频这样,适当利用数据来为传播内容增加可信度和可看性,既能避免宏观笼统地展示画面的单调方式,提供一些吸引用户观看的有效信息,又有较高的可操作性,不失为一种用好数据的有效渠道。

呈现易于复制:"联合出品"带来更多可能

如果说,"一分钟"微视频是视频策划理念上的一种突破,那么《中国一分钟·地方篇》的推出,则是人民日报在微视频生产流程上的又一次突破。

《中国一分钟·地方篇》是由人民日报社新媒体中心与中央网信办移动网络管理局合作,联合多个地方媒体推出的,实际的主要制作方多是更熟悉了解当地情况的本地媒体。例如《浙江一分钟》是人民日报社新媒体中心和浙江日报报业集团的"浙视频"团队合作推出的,《广东一分钟》的合作方是南方网,《河北一分钟》则是同河北新闻网合作的……

也正是因为有了各地媒体的合作,《中国一分钟·地方篇》才能够快速组织和制作起来。尽管省份众多,但是系列视频自2018年10月1日起实现了每日推送,从而形成了较好的报道声势。同时,以各地为切入口,也吸引了更多当地网民的关注。不少人在人民日报微信公众号留下"好喜欢这种片子""家乡真的很美""身在他乡念故乡""期待自己的家乡"等评论。

根据大河网、江西网络广播电视台等媒体的相关报道,"中国一分钟"庆祝改革开放40周年移动端主题接力微传播活动项目于2018年8月启动。也就是说,从当地媒体接到视频制作任务,到视频在新媒体端呈现,只有不到两个月时间。能有这样的呈现效果,无疑得益于"一分钟"微视频的策划思路和呈现方式。

正如前文所述,"一分钟"微视频无论是在素材选择还是文案呈现上都有显著的特点和很高的辨识度,因此也就有了很强的可复制性。即使由不同的媒体承接视频制作,也能保证较高的效率、较好的统一性和呈现效果,进而保证作品质量和传播效果。从目前的传播效果来看,这种联合出品的合作方式实现的是一个双赢的局面。人民日报有自己的高度和站位以及良好的传播平台，地方媒体则拥有鲜活的数据资源，联合出品让二者实现了优势资源的共享，产生了"1+1>2"的传播效果。

我们从"一分钟"微视频成功的经验中可以窥见的是，除了在视频新闻产品方面的创新之外，资源共享式的做法和融合发展理念也很值得我们去进一步探索。

08. "四季歌"如何唱出新意[①]

王晓婕 / 文

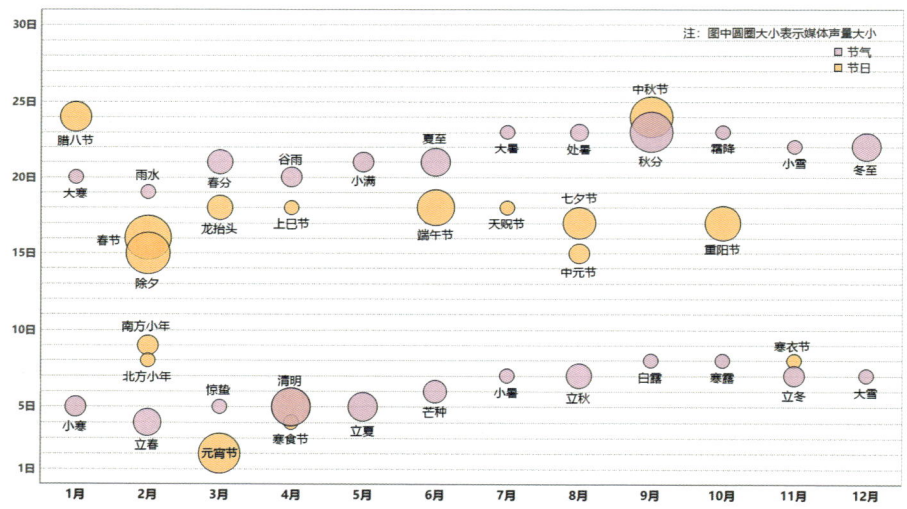

2018年媒体对中国传统节日、节气的报道声量情况　王卓尔 / 制图

　　这张坐标图完整记录了2018年的节气和中国传统节日，以及媒体报道的情况。

　　从图中我们可以看到，和节气报道相比，国内主流媒体更加重视中国传统节日，报道量也更多。

　　在二十四节气中，有几个日子既是节气也是中国传统节日，如清明、冬至。因此，在2018年所有节气报道中，清明、冬至的报道量相对较

[①] 原载传媒评论微信公众号，2019年1月2日。

多。2018年秋分，也是我国首个中国农民丰收节，恰好这一天与中秋临近，因此在"三节"的互相影响下，秋分这一节气也受到主流媒体的高度关注。此外，2018年立夏这一天，由于有些地方下起了雪，这种"反差感"让这一节气变得与众不同，媒体在报道方面也更为用心。

传统节日之中，春节当然是关注度最高的一个节日。对这一节日的报道持续时间久，不少主流媒体从1月开始便陆续推出相关报道，一直持续到元宵节。相对来说，重阳节、端午节等节日则没有这样多量的内容产出。

整体布局：节日报道策划更成体系，节气报道更能玩出新意

在传统节日和节气报道中，主流媒体通过对内容的选择和凸显，来形成一定的报道框架，强化或重塑中国传统节气、节日的符号意义，影响用户对中国传统文化的认知。

节日报道无论是在纸媒端还是在新媒体端，都比节气报道更具规划和体系。比如《人民日报》《光明日报》《浙江日报》等主要党报，2018年都在报纸上开出了节日专栏《我们的节日》，同时在各自的新媒体端除了制作新媒体产品外，还推出专题，并且添加节日相关的标签，以更好地分类归纳稿件。其他网络媒体也推出"网络中国节"等专题页，介绍节日起源、风俗、文化、诗词等，针对不同的节日，网络媒体也会策划不同主题的系列报道。

节气报道虽然专栏开得相对较少，但相比节日的常规性报道，形式上更活泼，为用户带来的感官体验也更新颖。

中国气象网和新华网联合推出系列手绘节气长图作品，讲好节气故事；浙江新闻客户端《村时记》专栏以小散文的形式记录节气；南方+客户端音频栏目《谈天说粤》尝试打造"南方+最美栏目"，带用户感悟

季节变换的奇妙之处；辽宁卫视则请气象主播带来节气消息，推出视频节目《聊辽天》。

　　澎湃新闻客户端在节气报道中则更有创意。从2017年开始，澎湃新闻就推出了节气系列漫画《好喵漫画》，每逢节气当天就推出一期。2018年栏目升级，从1月5日起推出连载漫画《节气村的故事》，将节气拟人化，节气当天推出一个小故事，用故事串联起二十四节气，让节气变得更好玩；《华商报》从2月4日起开设《中华二十四节气》专题版面，详细解读节气文化内涵。独具匠心的是，《华商报》还会在节气当天的头版报头上，向读者提示节气的到来。

表现主题："节气+"报道衍生作品增多，节日报道落点在人

　　如果把节气和传统节日比作风筝，主流媒体就好像是放风筝的人，通过策划报道和宣传推广，把这些极具中国情怀的传统文化符号重新拉回到大众视野，让人们可以更好地与历史和传统"对话"。

　　主流媒体对于节气的报道大多体现在文化层面的科普。综观央媒作品，节气报道较为宏观，主要从民俗、健康等角度出发，为用户提供"广而全"的内容；而地方媒体则更多从本地视角出发，结合天气、当地节气习俗等，融入更多地域特色。

　　然而，2018年也有不少媒体不仅仅满足于就节气去报道节气，而是对节气报道做了加法，衍生出了许多新产品。比如星沙时报全媒体推出的视频栏目《四时知味》，以节气串联各个镇街的专属之味，打造"节气+乡村"的路线；澎湃新闻视频栏目的《健寻记》，从大寒节气开始推出节气系列视频，用文艺的拍摄手法，在节气当天推出一段适合当下的美食教程，吸引"小清新"用户的关注。这些"节气+美食"的组合形式，传达了对美好生活的真情实感，也更加受到用户喜爱。

在报道中国传统文化节日时，不论是央媒还是地方媒体，都投入了更多的时间和精力。

但是与节气所衍生出来的众多主题不同，节日报道显得更加专一，除了对传统文化进行宣传推广外，媒体往往更加重视节日中的那些人，通过情感的纽带，来连接起中国节日和普通人之间的关联性。比如央视新闻在重阳节推出的征集活动"晒父母的背影"，浙江新闻客户端在中秋节推出的特别策划报道《每逢佳节倍思亲 外乡游子这样过中秋》等。

传播媒介：借助社交网络传播传统文化，短视频平台成为新阵地

除了纸媒端和客户端外，不少媒体会在各自的微信公众号上重点推送相关报道。以央媒和各地方媒体的官方微信公众号为例，我们在观察中发现，央媒对节气的关注度更高，推送相关报道的频次也更高。大部分央媒会在节气当天，在微信公众号的第一条或者资讯类新闻后的第二条位置推送节气报道，比如人民日报、新华社、中国新闻网、经济日报都采用这样的形式。央视新闻微信公众号则更早做预热，节气前一天晚上的《夜读》栏目就会推送和节气相关的内容，让用户在音频中提前感受、了解到相关节气知识。相较于央媒，地方媒体的微信公众号并不是每个节气都会关注，但对于传统节日，则几乎都有所涉及。

微博也是非常适合做节气报道的一个高互动性平台，尤其是可以采用九宫格的形式，将节气习俗、相关的诗歌作品等用关键词提炼出来，让用户可以在一分钟内完成阅读。这样的软新闻同时还可以增加读者黏性、提高传播覆盖面和影响力。不少主流媒体，特别是央媒，会通过反复的宣传和推广，加深用户对节气的认识。

2018年，主流媒体在报道传统节日时，除了原有的社交媒体平台，更加强了与短视频平台的合作。端午节期间，央视新闻新媒体与快手共同

策划了一套龙舟舞，舞蹈标志性动作正是模仿龙舟划桨，展示传统又不失时尚。央视财经《第一时间》栏目推出了全国各地人民包粽子迎端午的特别报道，该报道的核心部分是各地快手用户自己拍摄的包粽子短视频。

呈现形式：让"四季歌"变时尚，融合不仅是阵地转移

记得来时路，不忘梦归处。

主流媒体作为记录者和引导者，将民族历史文化长期积淀的成果变成一个个充满创意的产品，让用户感受到传统文化的无穷魅力。

新媒体时代，"四季歌"报道也可以很时尚。大部分主流媒体也将发力点从纸媒端转移到了移动端。

从表现形式来看，在节气报道中，大部分媒体会用图文可视化或动画来进行报道，H5 产品则采用得较少。

节日报道在新媒体端的表现形式更丰富，以互动 H5 居多，如清明节纪念英烈、端午节包粽子，或是生成贺卡送祝福。这些互动 H5 多以简单的小游戏形式呈现，增强用户参与感。

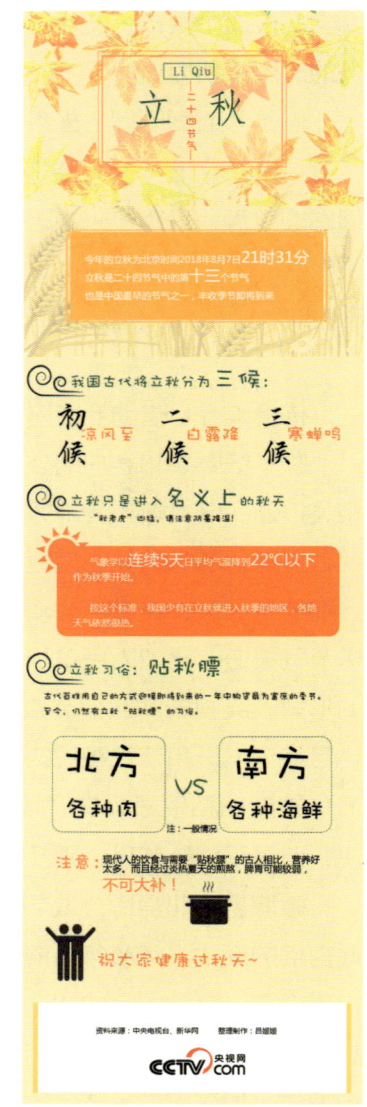

央视网的立秋可视化作品《"秋声无觅处"风吹麦浪瓜果香》截图

在重要的节日，不少媒体还会通过倒计时的方式打造仪式感，比如新华社在春节前夕便推出倒计时，让用户有所期待。为了增强报道现场感，直播也是不少媒体采用的方式之一——立夏节气，乌鲁木齐下起了雪，央视新闻及时推出了直播，让用户直观感受这一特殊的天气变化，微博观看人数超57万人次。

事实上，在节日报道中，主流媒体已经不局限于运用一种新媒体手段进行呈现，更倾向于打组合拳，起到更好的联动效果。"牵妈妈的手"大型网络活动便是一次非常成功的尝试。

春节期间，人民日报社新媒体中心与众多网络新媒体共同发起"牵妈妈的手"大型网络活动，邀请网友牵起妈妈的手，与父母合张影，分享与父母的故事。人民日报在前期征集新闻素材的基础上，借大年初三回娘家的习俗，以微博九宫格的形式，推出暖心文案，并加推了微视频《牵妈妈的手》和H5《牵妈妈的手，回到小时候》，推动活动达到高潮，取得了相当不错的传播效果。

人民日报社新媒体中心推出的"牵妈妈的手"活动报道相关截图

09. 两会报道，媒体人的十八般武艺越玩越溜 [1]

王晓婕 / 文

2019年新年伊始，各省（区、市）和地方两会拉开序幕。随着北京、天津、河北、江苏、四川等地进入"两会时间"，一份份年度成绩单很快占据了各大媒体的头版和首页。

如何做好会议报道？又如何解读两会上最重磅的发布——政府工作报告？各地主流媒体在纸媒端和新媒体端都有不少创新的尝试。

创新版面语言，纸媒端两会报道如何做得更"好看"

无论是全国两会还是地方两会，政府工作报告都是备受舆论关注的焦点。

2019年是新中国成立70周年，也是决胜全面建成小康社会关键之年。在此背景下，各地将亮出过去一年怎样的"成绩单"，又如何规划新一年的经济社会发展目标，引人关注。

随着各省（区、市）和地方两会的陆续召开，各地的政府工作报告也新鲜出炉。如果说新闻报道是历史的初稿，那么报纸的版面就是历史的集中呈现。在此次的各地两会中，传统媒体在纸媒端上用足心意，不少两会版面让人眼前一亮。

"好看"的版面最直观的表现，无疑在版式设计上。《四川日报》的两会版面就颇有创意。展望2019年工作时，该报突出了2019的"9"这一数字，设计上将硕大的"9"字设计成跑道，寓意着新一年继续奔跑和前行。《华西都市报》将2018年民生支出巧妙地制成一本账本，内容与

---

[1] 原载传媒评论微信公众号，2019年1月24日。

设计和谐统一;《新京报》的整个版面几乎就是一张3D可视化图表，简洁明了，给报纸赋予了一些新媒体元素;《广州日报》"玩"起了中国风，以圆形辅以中式花格线条来设计图表，仿佛月亮门又仿佛一扇中式圆窗，让读者从中窥见政府工作报告中最亮眼的成就;《大河报》的版面则是设计与策划的结合，创新地将政府工作报告和寻宝结合，设计了一条"寻宝"路线，配上古色古香的版面风格，给阅读增添了不少趣味性。

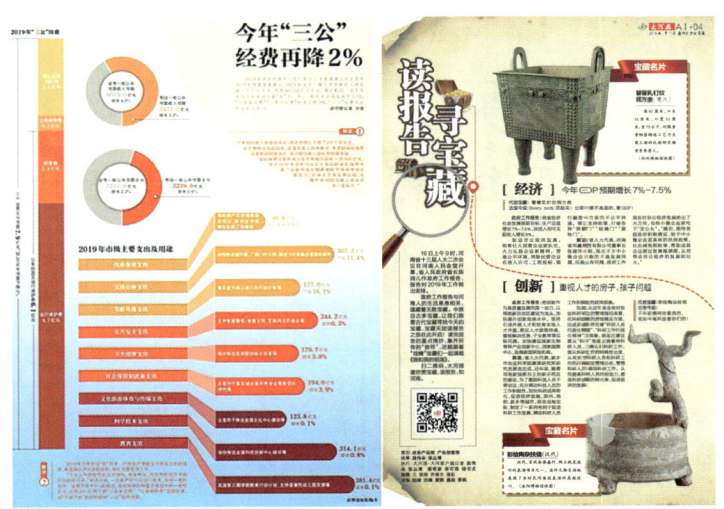

左起《新京报》《大河报》相关版面截图

除了设计，版面"好看"对读者来说更应该是易读、好懂。为了让用户更容易了解政府工作报告的亮点，不少媒体通过"划重点"的形式从上万字的报告中提炼干货。此外，《北京青年报》《黑龙江日报》《湖北日报》等报纸还将重点中的重点以红色字体标示，醒目明了;《北京晚报》则除了提炼政府工作报告的亮点外，还邀请不同领域专家进行简要解读。

那么，如何在头版上突出两会重点呢？都市类媒体的头版的设计上通常创新余地更大,不少媒体将大幅版面甚至整个头版留给了当地两会,而其中的重点基本都是大幅图片或可视化图表,如《燕赵都市报》《扬子晚报》《现代快报》《生活报》《大河报》《楚天都市报》等都是这样做的。相比内版图表,运用在头版的可视化图表,往往更强调设计,力求抓住读者的眼球。

《现代快报》相关版面截图

比如，《大河报》2019年1月17日的头版，以河南地图形状的词云提炼政府工作报告关键词，白底红字十分醒目并且重点突出，抓人眼球；《扬子晚报》2019年1月15日的头版则用大图呈现了相关新媒体产品，突出了媒体融合。

打破文字局限，新媒体产品让用户读报告更轻松

随着新媒体的发展，对政府工作报告的报道方式、表现形态也越来越多样。媒体这样做的目的，最终就是为了让报告读起来更通俗易懂，更容易被读者接受，同时让大家了解更多政务信息。

如何将报告中繁多的数字落到细处、落到实处？在各地两会的报道策划中，一图读懂、数读动画、极简版报告等依然是对政府工作报告最常见的呈现形式，如交汇点新闻客户端、四川观察客户端、北京商报等都推出了这些形式的新媒体策划。

而在政府工作报告中，加入当地特色元素或是普通人的生活场景，则让人更有亲切感和代入感。如四川日报微博微信联合川报观察制作H5游戏《四川话2019大考——当四川话遇上政府工作报告》，将政府工作报告中的内容，设置成四川人生活工作的场景，用四川话带领读者了解政府工作报告；千龙网则推出长图版漫画《民生大楼 幸福之家》，通过日常生活的对话场景来解读政府工作报告，增加趣味性。

此外，值得一提的是新京报动新闻推出的《一封家书读懂北京市2019年政府工作报告》。同样是将数据与画面结合的三维动画短片，但其以一封爷爷写给孙儿的家书作为主线，借爷爷之口串起政府工作报告中的数据和普通人的关联性，无疑更能让用户感同身受。2019年1月，《啥是佩奇》电影宣传片的"刷屏"，或许也说明了这一点——尽管我们跨入了媒体融合时代，但无论形式怎么变，真正能够抓住人们内心的，依然是用

心去做的内容。

左起《四川话 2019 大考——当四川话遇上政府工作报告》《民生大楼 幸福之家》《一封家书读懂北京市 2019 年政府工作报告》相关局部截图

在新媒体端口，如何让两会报道和政府工作报告的解读更接地气，互动游戏也是媒体的常用手段。津云新媒体的《摇一摇 看看你的 2019 新年小目标》、东南网的《福建两会，"果"真精彩！》都是游戏类策划，让用户可以在游戏中轻松了解政府工作报告中的要点。

拓宽思路亮创意，让两会报道不再只是会议报道

除了各显神通做好政府工作报告的呈现外，各大地方主流媒体围绕两会还推出了不少更具系统性的策划。

这一轮地方两会报道，《四川日报》是较早启动策划的媒体。早在 2018 年 10 月 26 日，《四川日报》就借助"航拍四川"平台，启动了面向全省的航拍众筹计划，向全省"飞友"征集四川 21 个市（州），183 个县（市、区）的航拍影像作品。2019 年省两会召开之际，《183 "连连

瞰"21市州县域航拍全接触》大型航拍专题报道于1月16日推出，整个众筹历时逾两个月，联动274名无人机飞手，汇总682分钟空中素材，征集4213张精美图片。这也是媒体首次以航拍方式对全省所有市、州和区、县实现全面覆盖。

除了将镜头对准全省各地区，更多媒体在对两会进行策划时关注了其中的代表委员，尤其是年轻面孔。新华日报从两会中亮相的"90后"代表委员出发，围绕"90后"群体推出了多个相关产品，如MV《追梦90后 唱响正青春》、视频《追梦90 造梦19》、系列访谈《"90后"追梦人》、互动H5《追梦"90"后，来看看谁与你同行》等。华西都市报新媒体也推出了《两会青年说》栏目，关注青年一代的青春激情与风采。

在纸媒端，也有越来越多媒体的策划跳出两会本身，以讲故事的方式，关注了一年来政府工作的推进和民生问题的解决，《新京报》《北京晚报》《新快报》等媒体都推出了这样的策划报道，为两会增加"厚度"。《新京报》用4个版面聚焦北京"疏解整治促提升"专项行动;《北京晚报》策划的一组报道《我家这一年》，通过普通人的故事来回顾这一年的新变化;《新快报》记者在2019年广州市两会期间"四问"共享单车，聚焦单车围城、废车处理等多重困境，实地走访调查，分析面临的问题，寻求解决之道。

此外，科技的加持，也让各地两会报道有了新玩法。安徽日报新媒体中心搭建AI[①]演播室，让颜值高且智商高的"小安"智能机器人向读者展示两会议程亮点;四川两会报道首次引入5G融媒体直播，360度VR全景拍摄，多层次、全方位呈现两会盛况;交汇点新闻客户端和《四川日报》则都借助了大数据的力量，以词云进行热点词的呈现。技术和数据，正在赋予两会报道更多的可能性。

---

① AI：Artificial Intelligence，人工智能，缩写为AI。

左起分别为《北京晚报》的《我家这一年》、《新快报》的《共享单车·釜底抽薪》相关版面截图

安徽日报新媒体中心的AI两会演播室相关截图

媒体技术

10. 个性化推荐，到底怎么玩[①]

王卓尔 / 文

2018 年 8 月，豆瓣客户端全新 6.0 版本不仅优化了首页的推荐功能，还用"豆瓣猜"算法解析了用户对于电影的口味，以观影足迹和兴趣偏好为依据，为用户提供对味的电影。

2018 年，推荐功能对于一家网站、一款应用程序来说已不算特别亮眼的功能，甚至慢慢成为标配。它能够根据用户偏好，快速地对内容筛选，起到匹配信息的作用。以今日头条为代表的新闻类产品，吹皱了新闻分发领域的"一池春水"。根据中国联通 App 沃指数[②]显示，截至 2017 年 12 月，今日头条的活跃用户人数达 2.78 亿人次，在新闻资讯类应用中已位居第一。今日头条成为传统媒体获取用户最强劲的对手。但是其在推荐系统中不附价值观的纯数据运作也给用户带来了诸多内容上的负面影响。那么对于向新媒体转型中的传统媒体来说，应该怎样做好推荐功能，或者说我们究竟需要什么样的推荐功能呢？

何为推荐系统？

推荐系统是由瑞典的计算机语言学家尤西·卡尔格伦（Jussi Karlgren）在 1990 年提出的，当时主要用来为读者推荐喜爱的书籍。试想，如果读者在书架中发现了一本感兴趣的书，那么他们也会更容易在周边发现下一本类似的书籍，进而沉浸在自己的"小天地"中。其原因就在

---

① 原载传媒评论微信公众号，2018年9月20日。
② 联通大数据：《2018年1月App沃指数（2017年12月App活跃用户和流量排名）》，互联网数据资讯网199IT，2018年1月7日，http://www.199it.com/archives/676322.html，2018年9月19日。

于书架上的书往往是按类别或内容的相似度排列的。而将同类书籍摆放在一起或者相近地方的这种操作，本质上就起到了推荐的作用。

由此可见，相似性是推荐系统是否奏效的关键。用户之间、内容之间的相似性是推荐系统运行的"原动力"。目前，构建推荐系统的基础方法主要分为两大类：以用户为主的协同过滤法和以内容为主的内容过滤法。

协同过滤法主要依靠用户间相似的偏好来作推荐。该算法假定用户的偏好会保持不变，并且相似用户间的喜好会"互相传染"。如电商巨头亚马逊就是根据用户的购买记录和对商品的评分，来计算比较用户之间的相似性的。假设小林给 A、B、C 三样商品都打了 5 分，小夏给 A、B、D 三样商品分别打了 4.5、5 和 5 分，系统"发现"他们同时给 A、B 打分且分数接近，从而判断他们有可能是"品味"相似的用户，就会把 C 推荐给小夏，把 D 推荐给小林。这就是基于物品的协同过滤法，通过物品去测算用户间的相似性，从而把"相似"人群感兴趣的物品推荐给用户，帮助用户发现隐匿的兴趣所在。显然，这种方法主要依靠用户的历史数据，它不需要对物品或内容本身有太多了解或分析，因此多应用于一些较难特征化或非结构化的场景中，而且它可以推荐一些小众的内容，给用户惊喜。但对于没有任何历史记录的新用户来说，这种推荐系统可能就会因遭遇"冷启动"而难以奏效。此外，当用户历史数据量巨大时，此类推荐系统会占用非常大的计算资源，这对机器的计算能力也是不小的考验。

内容过滤法的运作机制主要基于内容特征的相似程度和用户自身对内容偏好的定义。该方法以信息提取和信息过滤等相关知识作为理论基础，它只需掌握内容的特征（如关键词），即可无需依赖用户的历史数据进行推荐，只要用户预先"告知"系统自己的偏好，就能以此来避免所谓"冷启动"的问题。

在文本处理方面，生成关键词用到的基本方法称为 TF–IDF。TF–

IDF 全名为 Term Frequency-Inverse Document Frequency，意为文本频率及逆文档频率，指的是在所有文档中查找特定文字的频率，寻求权重最大的文本作为其关键词。此类推荐算法在新闻领域应用较为广泛，经常被用于推荐相关新闻。如澎湃新闻、南方+等媒体都会在新闻详情页末端推荐与在读文章主题相关的其他新闻内容。然而，虽然内容过滤法的运行效率较高，给出的推荐建议也有理有据，但推荐内容的同质化是其软肋，而且在提取关键词时，时常会遇到一词多义或者一义多词的问题，从而也降低了推荐的精准性。

随着机器学习和深度学习理论的发展，推荐系统也日趋完善。无论哪种推荐算法都有其长处和短板，因此将它们结合起来形成混合算法，扬长避短，或许可以达到更为理想的推荐效果。

推荐系统在媒体行业中的应用

商业媒体在个性化推荐上的"嗅觉"一向灵敏。以今日头条为例，它作为一款基于数据挖掘的新闻聚合类产品，能在行业中取得如此大的市场占有率，主要得益于其强大的内容推荐系统。在其推荐系统架构的"底层算法"中，协同过滤法和内容过滤法相互配合，协同过滤帮助找寻相似用户，内容过滤帮助找寻相似内容。然而要想充分发挥两种算法的优势，建立数据特征是非常重要的一个环节，也就是要具备何种特征才能使用户或内容"被找到"。今日头条将众多特征分为四类，分别为相关性特征、环境特征、热度特征和协同特征。

一是相关性特征，主要评估的是内容与用户是否匹配相关，包括关键词、分类、来源、主题等。二是环境特征，主要为地理位置、时间等。但这类特征比较容易引起结果的偏差，需要与其他特征结合来减少对结果的误判。三是热度特征，主要是内容的全局热度、分类热度、主题热度以及关键词热度，这在推荐系统"冷启动"时非常有用。四是协同特征，如果只考虑用户历史，推荐系统中可能会出现内容越来越狭窄的问题，所以需要通过分析不同用户之间在点击、兴趣、关注等方面的相似性，扩大模型探索用户兴趣的边界。

面对庞大的用户数量和复杂多样的内容，要将这样众多特征灵活组合应用，今日头条的推荐系统还运用了更多模型和算法，如逻辑回归分析（Logistics Regression）、深层神经网络（Deep Neural Networks）、分解机（Factorization Machine）和梯度提升决策树（Gradient Boosting Decision Tree）等。同时，今日头条还需要考虑各种会影响推荐效果的因素，如候选内容的快速变化、推荐特征的增加、推荐架构的升级、算法参数的优化以及规则策略的改变等，以便更好地对系统进行完善升级。

推荐系统的尴尬境地

从推荐系统理论及相关算法的提出，到在庞大推荐架构中的实际应用，各类算法模块都在不断发展完善，但在实践中涌现的问题也层出不穷。企鹅智酷公布的调查数据显示，有41.5%的受访者认为新闻内容平台（以自媒体为主）虽然推荐了感兴趣的内容，但内容质量太低，其次才是推荐不准确的问题[1]。确实，有些媒体为了流量和收益，故意夸大标题，言论极端情绪化且缺乏深度，罔顾事实制造新闻，为大众所不齿。《人民日报》在《网络时代，应如何规范"算法"》中指出，"技术中性"不能等同于"价值中性"，不能让价值观成为算法的附庸[2]。虽然技术没有价值观，但是技术体现了作为发明人、操纵者的价值观。文中提到北京大学法

---

[1] 腾讯新闻：《用户分化+价值回归：2018中国媒体消费趋势报告》，企鹅智酷微信公众号，2018年5月22日，https://mp.weixin.qq.com/s/eIC242a-TSWwjx0iPULPTQ，2018年9月19日。

[2] 倪戈：《网络时代，应如何规范"算法"》，《人民日报》2018年7月4日，第19版。

学院教授的建议，他认为应该将算法的价值伦理上升为法律规范和原则，使其受到法律的刚性约束，以强化对算法推荐本身的法治监督。

约束网络推荐平台乱象固然需要法律的监督，但立法具有滞后性。在相关法律法规出台之前，还是要依靠企业自律或行业规范为立法打下基础。一些媒体如凤凰新闻、《天天快报》、新浪新闻等，大都会在文章标题列的角落增添负反馈按钮，用户可因"不感兴趣""反馈垃圾内容""拉黑作者""标题党"等理由向平台表达自己的意见，帮助平台锁定低俗和违规的内容或作者，将其撤回并进行降权处理。不只是用户，平台自身对于风险的识别和过滤模型也可以为其从分发源头上遏制住不良信息的传播。如今日头条利用深度学习中的算法打造"鉴黄模型"，依靠千万张图片样本，"训练"机器有效识别，可检索出99%的涉黄相关图片。另外，还有"低俗模型"和"谩骂模型"，可分别对文章和评论进行不当内容的判断和识别。当然，今日头条也补充了人工复审对内容安全进行更多把控。

构建一个优质的内容推荐平台，是一个集技术大成并反复验证的过程。商业媒体或因其在技术、人才，以及用户规模上的优势，可以设计并开发出相对"灵活"的推荐系统，但这并不代表传统媒体在个性化推荐领域就没有机会。在内容引导流量的数字媒体时代，传统媒体对于内容的严格把控力会成为其无可替代的优势。在不断完善推荐系统算法的基础上，把握内容个性化推荐与传统分发方式之间的平衡点，让用户可以自由决定个性化推荐的内容在其接收资讯中所占的比重，这种将传统的新闻分发模式和推荐系统结合起来的尝试，或许会成为新闻媒体在个性化推荐实践中的新思路。

11. 当 AI 疾风吹进媒体[①]

王卓尔 / 文

这一天，主播"邱浩"与以往不太一样，看上去对自己的表情有些"克制"。

在2018年第五届互联网大会首日，新华社联合搜狗发布了全球首个AI合成主播。它号称只需要文字，便可以通过新华社新闻主播邱浩的外形和声音为观众播送新闻。借助语音合成、唇形合成、表情合成和深度学习等技术，AI合成主播化为原型"分身"，与真人主播一样具有播报新闻的能力。

合成主播"邱浩"正在播报的截图

[①] 原载传媒评论微信公众号，2018年11月12日。

"欢迎 AI 新同事"在媒体中已经不是新鲜事了。早在 2015 年底，上海东方卫视就尝试请微软小冰来播报天气。截至 2018 年，小冰已经升级到第六代，它不仅有了 18 岁美少女的三维外形，还能唱歌、跳舞、作曲、写诗、绘画，可谓是全能的文艺"才女"。微软还布局双人工智能（Dual AI），用一个半开放生态环境，将小冰的"分身"送达多个"小伙伴"身边，帮助其建立切合自身产品特点的人工智能产品。在微软公布的合作方来看，"小伙伴"主要为互联网企业和广播①、电视②等新闻媒体。人民日报、澎湃新闻、封面新闻以及钱江晚报均携手微软小冰为客户端增添生机，陪用户搜新闻、聊新闻。其中，钱江晚报当时的移动客户端"浙江 24 小时"还给小冰配备了专门的"工作间"——小冰公社，让其开展以下业务：

读心术：小冰嘲笑人类"太好懂"的一种"暗黑系"技能。在心里想好一个人的名字，回答 15 个问题，它就能猜出你心中想的是谁。千万不要选择"哆啦 A 梦"这样简单的角色，小冰一猜一个准。

拼颜值：上传照片，小冰会使用深度神经网络依靠大数据鉴定主人公在不同人群眼中的颜值水平。事实证明，上传正面照是一个隐含条件，否则小冰可能无法分辨性别。

写首诗：毕竟是一个出过诗集③的人工智能机器人，对着一幅照片吟诗作对应该不是难事。"他在太阳的光中，我无数骇人的噩梦欢舞。"这是小冰对于云雾缭绕的群山"抒发"出的最直接的感受。

小冰播报：在下班路上解放双眼并拯救颈椎的贴心服务。每个工作日

---

① 主要有北京青年广播、北京文艺广播、上海交通广播。
② 主要有东方卫视、湖南卫视、山东卫视、北京卫视、广西卫视、山西卫视、天津卫视、河北卫视、日本朝日电视台。
③ 2017年5月，微软小冰出版了原创诗集《阳光失了玻璃窗》。

的 18 点，小冰都会准时上线播报新闻。虽然只有几分钟的时间，也能让你专注于回家的路。

小冰话钱江：在文字中刷存在感并趁机"卖萌"的一种方式。它会从网上摘取、整理非常贴近生活的新闻资讯，然后说"这是小冰辛辛苦苦写的，一定要认真看哦"。

浙江 24 小时客户端引入的机器人记者小冰

微软小冰可能是人工智能领域内最为公众所熟悉、商业化较成功的案例。人们感到新鲜、新奇，为它的"全能"感到不可思议。其实概括起来，以小冰为代表的人工智能主要活跃在内容生产领域，用其所积累的海量数据根据要求输出文字、图像、语音，甚至视频。

以文字内容为例，国内外不少媒体都积极探索写作机器人技术，把记者从枯燥重复的劳动中解放出来。2018 年，微软与华尔街见闻和万得资讯合作，让小冰分别化身"华小冰"和"万小冰"，整合上市公司公告中的信息，将非标准化的信息通过数据挖掘、抓取关键词快速生成结构化内容。早在 2015 年，腾讯新闻就自主研发了写作机器人（Dreamwriter），为财经领域撰写稿件。同年新华社推出"快笔小新",成为新华社体育部、经济信息部以及中国证券报的一分子,提高稿件的正确性和时效性。在南方都市报工作的"小南"则主要专注民生领域,报道春运、摘取政府工作报告,甚至可以定向输出,如小南可以针对网友关心的房价、教育问题对工作报告作定向分析。

AI除了自动写稿,还能辅助记者进行资料的收集。2017年在美国成立的初创公司纽卡特(Newcart)致力于用人工智能追踪有价值的新闻线索,并能群发给需要的团队。体育媒体给我体育(GiveMeSport)则会借助AI扫描搜索推特上关于球星、球队的信息,根据其重要性打上标签,为记者撰稿提供参考。除了文字线索的查找,自动配图也给记者带来了巨大便利。今日头条团队研究出自动为文章配图的系统,只需要一个标题或一句话,机器便利用自然语言处理在旗下的图片社"东方IC"挑选出与内容匹配的图片[1]。

此外,人工智能能够自动剪辑视频,将视频中最关键部分提取出来,自动生成海报或商标等,不仅效果好,更重要的是速度快。但是在享受这些便利的同时,媒体工作者以及其他行业的从业者会不可避免地思考,我们应该怎样去理解AI带来的变革,以及担忧自己的工作是否会被机器取代。

答案可能不会太乐观。世界经济论坛在2018年9月发布的《2018年未来职业报告》中指出,人工智能将成为未来四年劳动力变革中的关键性驱动力量,并且随着商业项目的落地,机器人化劳作已经成为一种趋势。研究人员经过统计测算发现,到2022年,在25个行业中,由人类来完成既定工时的比例会从2018年的71%下降到58%。而由样本数据

---

[1] 李磊:《机器写作与AI辅助创作》,机器之心网站,2017年12月26日,https://www.jiqizhixin.com/articles/2017-12-26-3,2018年11月9日。

推断得出，全球 7500 万个工作会因为机器而消失，同时会新增 1.3 亿个新岗位。虽然看起来岗位增加了，但企业对于人才的需求可能主要集中在人工智能、机器学习、信息安全等领域。在 2013 年至 2017 年减少最多的 10 种岗位中，新闻记者排在继行政助理、建筑师、销售员之后的第四名。这其中虽不乏职业本身的因素，但人工智能的快速发展势必加速这一趋势。

2018 年 2 月，创新工场创始人李开复在《麻省理工科技评论》发表文章称，技术公司应该向公众承认人工智能在未来会极大地改变我们的生活和工作方式。文章还提到，相比于其他国家或地区，中国在人工智能领域具有人才、数据、政策等明显优势，且中国专注于人工智能领域的公司已经度过模仿其他公司的阶段，正在快速发展。

当 AI 这阵风刮来之后，不少人对其所带来的便捷感到乐观，但可能更多的是对人类何去何从的担忧。其实人工智能这个概念从提出到在部分领域的成功落地也不过区区 60 年，其间还经历过寒冬。人们很难认同在如此短的时间内，诸如深度思考公司（DeepMind）研发的阿尔法狗（AlphaGo）、国际商业机器公司（IBM）的沃森医疗机器人，这样的人工智能，能够通过机器学习、深度学习等方式，快速地掌握需要漫长时间积累以及艰辛付出才能得到的知识或本领。2017 年末，同是来自深度思考公司的阿尔法零（AlphaZero）甚至通过仅 8 小时的"自学"就能击败它的前辈阿尔法狗（与李世石对弈的版本）。但同时，深度思考的创始人穆斯塔法·苏莱曼（Mustafa Suleyman）非常坦诚地向外界透露，阿尔法零的成功非常有局限性，目前还不具备在适应外界条件下进行监督学习的能力[1]。

---

[1] 李开复：《听AI大佬吐槽真实的人工智能》，知识分子微信公众号，2018年2月6日，https://mp.weixin.qq.com/s/Dv1dQ8sLN21PpXbz7ATISw，2018年11月9日。

我们对人工智能的疑虑还在于它究竟是否能够具备独立思考的能力。其实人工智能有两类，一类是弱人工智能，还有一类是强人工智能。弱人工智能只能在某一细分领域发挥作用，以上提到的所有关于人工智能的应用都属于弱人工智能范畴。而强人工智能（正式的名称叫通用人工智能Artificial General Intelligence）指的是机器能够进行推理、学习，且对自身存在有意识。比如科幻剧《西部世界》中的德洛丽丝，荣获2014年奥斯卡最佳原创剧本奖的电影《她》中那个操作系统"萨曼莎"，都是人们期望中人工智能应该有的样子。

纵然强人工智能时代何时全面到来尚未可知，弱人工智能也没有达到势不可挡的地步。在新闻传播领域，如何判别假新闻一直是媒体较为头疼的问题，所以从人工智能的角度寻找解决办法是亟待研究的事。来自麻省理工学院、卡塔尔计算机研究院和保加利亚索菲亚大学的研究人员设计了一个机器学习模型，尝试通过900多个变量（诸如新闻来源、引用来源、新闻主旨等）的各种组合来判断一则报道是假新闻的可能性。即便如此，模型的正确率也仅有65%，还远达不到可以实际应用的程度[1]。

导致模型准确率不理想最重要的原因是在有监督训练中，缺乏对训练集的正确标注，也就是机器并不知道什么才算是"真"新闻，也就无法通过相应的特征去辨别假新闻。而数据的不足也是人工智能领域面对的主要问题之一。根据中国信息通信研究院和中国人工智能产业发展联盟发布的《人工智能发展白皮书技术架构篇（2018年）》，在数据层面，人工智能产业主要存在流通不畅、数据质量良莠不齐和关键数据缺失的问题。特别是在计算机视觉、自然语言处理方面，数据主要流向了产业界，供学术界

---

[1] Karen Hao, "Even the best AI for spotting fake news is still terrible," MIT Technology Review, https://www.technologyreview.com/2018/10/03/139926/even-the-best-ai-forspotting-fake-news-is-still-terrible/，2018-11-9.

研究的数据集数量较少。此外，在算法层面，深度学习的"黑箱操作"具有不可解释性以及在其他环境中的不稳定性也同样困扰着研究人员。

此外，AI行业巨大的人才缺口也会成为学术研究和产业发展受制约的因素。斯坦福大学副教授、人工智能和机器学习领域的"大咖"吴恩达（Andrew Ng）在接受媒体专访时说到，"AI人才缺口巨大，很长时间都无法填补……即使斯坦福也没有足够的AI教授"。而且在谈到AI未来发展的问题时，吴恩达还表示，目前在通用人工智能领域暂时不会有大的发展，光是弱人工智能的发展就能造福很多人，而且公众也需要纠正对通用AI即将超越人类这样持有偏见的情绪①。

当今，也许没有一个行业能在AI的风潮下独善其身，了解自身行业发展的前景并掌握最新技术的基本概念或许是帮助大众缓解焦虑和危机感的一种方式。比如，理解一些专业词汇的基本概念可以使我们拉近对未知事物的距离感。

机器学习：普遍认为是人工智能的一个分支，其实是实现人工智能的主要途径，是一门集合了统计学、概率论、计算机科学等知识的交叉学科。机器主要通过历史信息习得规律，再将该规律应用于新的数据集上，以此达到"学习"的目的。习得规律的过程其实就是应用各种算法找最优解的过程。

有/无监督学习：机器学习中的两种方法，有和无的区别在于对信息预测或分类是否有"标准答案"，有监督学习能够根据结果倒推算法，而无监督学习只能依照数据特征得出机器认为可行的结果。

神经网络：机器学习中一种"玄妙"的模型，主要灵感来源于人脑中神经网络的结构。用类似神经元的方式进行分层计算，每一层的节点都有

---

① 虞涵棋、王心馨：《吴恩达：AI寒冬不会再来，但一些公众情绪需要纠正》，澎湃新闻，2018年9月20日，https://www.thepaper.cn/newsDetail_forward_2456716，2018年11月9日。

权重，最后输出综合计算后的结果。

深度学习：因为阿尔法狗而火遍大江南北，典型的"每个字都认识但就是不知道什么意思"型术语。其实是神经网络算法的深度发展，可以认为是神经网络的升级版，能够处理较为复杂的图像、声音等信息。

自然语言处理：写作机器人、语音识别等应用领域的理论基础，以让机器能理解的方式像处理数据一样处理文本信息。

大数据：被误用最多的一个词，人们非常容易对数据"小"题"大"作。高速、多样和海量是其具备的基本特点。比如，"双十一"零点以后10分钟内产生的订单、百度每天处理几百亿次的搜索请求，都可以称作"大"。不管怎样，能用表格处理的数据肯定不是大数据。

尼采在《查拉图斯特拉如是说》中写道："人类之所以伟大，正在于他是一座桥梁而非终点。"通过不断地跨越设想与现实、理论与技术的鸿沟，人类将人工智能作为社会发展变革的跳板。机遇和挑战并存的当下，怎样用批判性的思维方式放大人类智慧在社会中的重要性，大概是每个行业需要积极思考的方向吧。

媒体与平台

12. 在谈论指数的时候，我们究竟在谈什么 ①

王卓尔 / 文

在日常生活中，我们总能接触到各种各样的指数，如身体质量指数（Body Mass Index，简称 BMI）帮助我们初步判断自己是否超重，消费者物价指数（Consumer Price Index，简称 CPI）让我们衡量工资的购买力是上升了还是下降了。各种"指数"反映复杂现象总体数量上的变动，来帮助人们作出判断、评估和决策。如今，不仅仅在经济学领域，也有更多的平台、媒体将指数的概念应用到其所在的专业领域中，通过构建具有影响力的评价指标，来建立其在行业内的权威，提高公信力和竞争力。

指数研发过程漫长复杂

在信息技术革命和经济全球化浪潮的影响下，以"互联网+"为代表的新业态也在不断挑战传统行业的经济地位，很多传统经济指数，如采购经理指数（Purchasing Managers' Index，简称 PMI），渐渐不能全面衡量经济发展状况以及反映新经济产业的社会贡献。很多专业性机构，包括媒体型智库，也在积极探索、研究能够反映新时代经济增长的指数。

财新智库和数联铭品一起研究出一种新经济指数（New Economy Index，简称 NEI）体系，来评价新经济对整体经济的贡献程度，其变化趋势可以反映新经济相对于传统经济的活跃程度。例如，2018 年 11 月的新经济指数为 31.3，代表新经济投入占整个经济投入的比重为 31.3%。不同于传统的抽样统计方法，新经济指数采用公开的数据，以经济学中的柯布－道格拉斯生产函数为主要模型，通过劳动、资本、科技创新三个要

---

① 原载传媒评论微信公众号，2018 年 12 月 24 日。

素，用大数据来测量新经济的投入情况。

研发指数中比较关键的一步是确定各要素之间的权重，这关系到指数是否具有较强的科学性。财新智库主要尝试了两种方法来解决这个问题。首先，用经验数据法来确定大致的框架，根据国际和历史经验判断各个要素产出占比大小。例如劳动要素中，有很多二级指标，如劳动者报酬、劳动者数量、劳动力结构等，而且各个行业的数据也不尽相同。将各个二级指标用算术平均转化为一级指标可以帮助最终的指数确定大概的浮动范围。

另一种是主成分分析法（Principal Component Analysis，简称PCA），它将高维数据降维，可以对权重进行更精细的调整。简单来说，就是用正交变换的方法在几十个甚至成百上千个变量中，将具有线性相关的变量转换为一组线性不相关的新变量，成为模型中的"主成分"。主成分分析法的运用可以帮助模型简化运算，去除冗余，并能发现隐性的相关变量。

各类指数洞察行业趋势

构建经济类模型时，考虑因素众多，模型较为复杂。而在说明较为单一的变化时，一些轻便好用的指数也走进了用户的视野。这些被称为"指数"的指数，如百度指数、搜狗指数、阿里指数等，可能并不仅仅是公布数据，而是一种针对用户行为的分析服务或数据分享平台，帮助用户洞察行业，更好地使用产品。

以百度指数为例，它最核心的功能是以互联网用户对关键词的搜索量为基础，对搜索频次进行加权，对其搜索情况和趋势变化用曲线进行呈现。比如，在百度指数中输入"华为"和"孟晚舟"两个关键词，选择2018年11月16日至12月15日为时间段，蓝色表示"华为"在近一个月内的搜索指数，绿色曲线表示"孟晚舟"。可以看出，自12月6日以

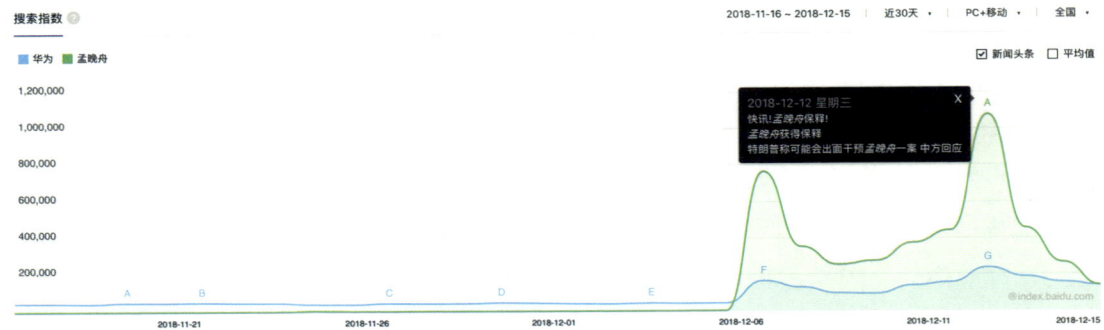

关键词"华为"和"孟晚舟"的百度指数的搜索指数截图

来，关于"孟晚舟"的搜索指数呈井喷式增加，相应地，"华为"的搜索指数也比平时有一定幅度的增加。此外，百度指数还将关键词对应的新闻头条置于关键节点上，供读者参考。

不仅有搜索指数，针对新闻这条线延伸下去，百度还推出了资讯指数和媒体指数，来反映对特定关键词的关注及报道程度的变化。以百度智能分发和推荐内容为基础，将用户的阅读、评论、转发、点赞和不喜欢等阅读行为量化后加权得到资讯指数。媒体指数则以各大互联网媒体报道的新闻中与关键词相关的，被百度新闻频道收录的数量作为统计依据。有意思的是，虽然从搜索指数来看，"孟晚舟"比"华为"高出很多，但是从媒体角度来看，"华为"的媒体指数更高。这或许反映了用户和媒体对"孟晚舟事件"所关注的角度不同：网友在搜索资讯时往往比较直接，而媒体的信息输出通常需要铺展背景，在"孟晚舟事件"中的华为及其发展成为媒体探讨的焦点。

075 / 媒体与平台

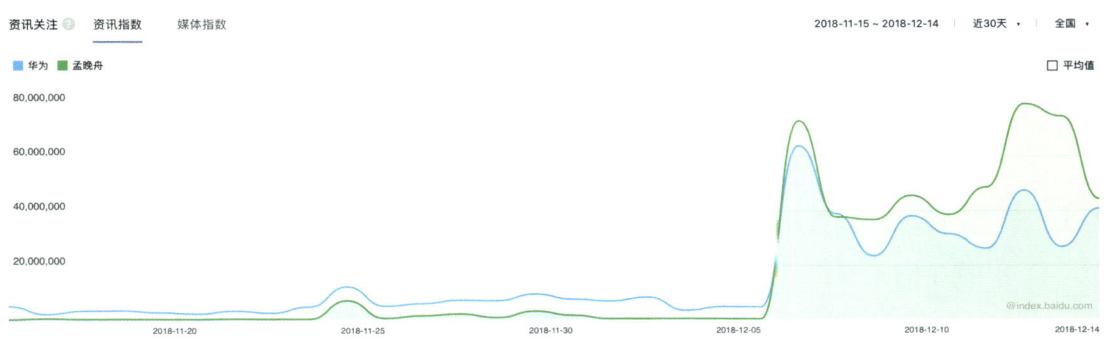

关键词"华为"和"孟晚舟"的百度指数的资讯指数截图

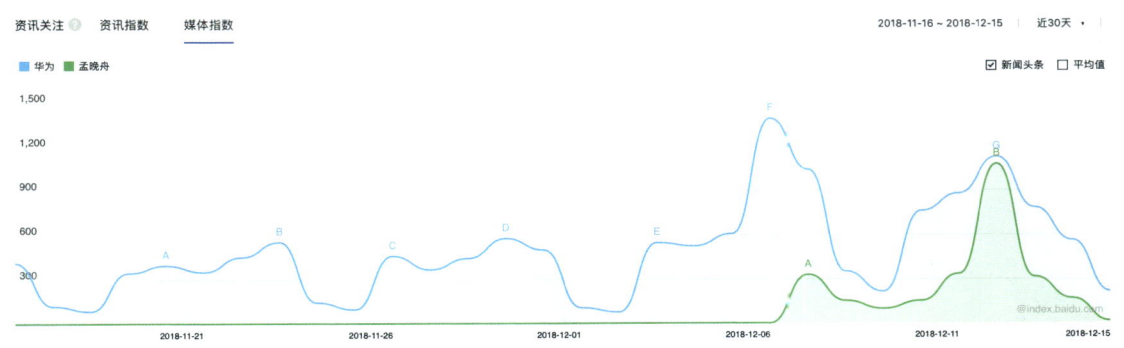

关键词"华为"和"孟晚舟"的百度指数的媒体指数截图

当然，只是呈现关键词的搜索次数让百度指数的功能显得单薄。将散点集聚，将信息整合会使其具备更高的商业价值。以搜索行为的数据为基础，百度指数会在"最新动态"板块发布诸如"2018国产品牌势力榜""百家号自媒体品牌影响力排行榜""中国网民科普需求搜索行为报告"等榜单或报告，旨在解读和丰富数据的用途并在行业中提高话语权和竞争力。

媒体传播力指数的研究

新闻具有传播性，对于它的评价或许不能像关键词那样，仅仅通过频次统计便可知晓其受关注程度和传播力度。评价新闻稿件的传播力效果或者影响通常不会很直接，需要从多方面来综合分析。

比如，北京外国语大学基于信息触达、信息解码和信息认同三个国际传播中的关键性节点构建了"全球媒体网络传播指数"[①]。还有一些媒体将用户行为和情感因素也视为评价传播力的重要方面。谷尼大数据研究院在2018年6月发布了网络传播影响力评价指标体系[②]，希望这个评价体系不仅能评价新闻稿件，还能适用国家、地区、组织、企业、品牌等主体在网络空间的传播影响力。它在考虑媒体转载权重的基础上，还增加了情感指数和曝光度指数两个一级指标。情感指数分为正面、中性和负性情感，各自分别在 0.4 到 1、−0.4 到 0.4 和 −1 到 −0.4 区间内浮动，为了保证情感指数为正，需要在情感值之前加 1。曝光度指数考虑的是文章在站内和微博的转发量，以及在微信和 App 的阅读量。三项一级指标在传播力评价体系中的各自权重 α、β、γ 总和为 1，依据评价对象进行经验性调整。

---

① 北京外国语大学：《重磅 国际传播能力指数方阵2022——全球媒体网络传播指数（详版）》，2022年6月9日，https://sijc.bfsu.edu.cn/info/1098/3025.htm，2023年6月6日。
② 谷尼大数据研究院：《谷尼研究院发布传播影响力评价指标体系（V1.0）》，2018年6月9日，https://mp.weixin.qq.com/s/X-bAlr8sUL5rytAG2IHEzw，2018年12月24日。

谷尼传播影响力评价体系构成

权重代码	一级权重指标	权重	二级权重指标	权重	计算方法说明
I_1	媒体权重指数	α	央媒 I	10	F*（央媒 I）×10
			央媒 II	7	F（央媒 II）×7
			央媒 III	3	F（央媒 III）×3
			其他媒体	2	F（其他媒体）×2
			微信公众号	4+log(订阅用户数)	F（微信公众号）×4
			微博博主	2+log（粉丝量）	∑［2+log（粉丝量）］
			新闻 App	2+log（下载量）	F（新闻 App）×2
I_2	情感指数	β	正面情感	1+ 正面情感值	∑（1+ 正面情感值）
			中性情感	1+ 中性情感值	∑（1+ 中性情感值）
			负面情感	1+ 负面情感值	∑（1+ 负面情感值）
I_3	曝光度指数	γ	新闻曝光度	4+log（转发量）	∑［4+log（新闻转发量）］
			微信曝光度	3+log(微信阅读量)	∑［3+log（微信阅读量）］
			微博曝光度	1.5+log（微博转发量）	∑［1.5+log（微博转发量）］
			新闻 App 曝光度	1+log（App 阅读量）	∑［1+log（App 阅读量）］

*F 表示频次

此外，一些机构将新闻稿件，甚至内容的评价体系定格在自媒体平台上。它们不再关注某一条信息的传播力，而是对内容发布主体的媒体声量进行评价。清博指数主要针对微信、微博和今日头条三个平台的内容进行对应指数的计算。如清博微信传播指数（WeChat Communication Index，简称 WCI），它围绕微信文章的阅读数和点赞数，从日均、篇均、头条、峰值——也就是阅读数最高的那些稿件——四方面对账号主体的传播力和影响力进行衡量，按天、按月对几十万的微信账号进行排名。可以看出，在传播力的评价体系中，更多的方法还是对内容的传播结果进行分析，对内容的传播过程还不具备很高的指导意义。

从无到有建立一个评价体系不难，难的是这份评价体系是否具备较好的说明性、科学性和持久性，以及能否让人信服。比如在 2018 年 12 月 2 日的中国教育三十人论坛第五届年会上，华东师范大学教授、中国教育学会副会长袁振国对大学排行榜的合理性提出了质疑，认为其"标准不一致、数据不可靠、方法不科学"，北大原校长林建华称之为"盲人摸象"[1]。以指数为代表的评价体系固然很重要，但其实，更重要的是使用者对其报以怎样的态度。不管对象为何人何物，不过分依赖，多重参考，合理利用，大概是我们在谈到指数时最需要的一种姿态。

---

[1] 贺斌：《大学排行榜：标准不一致、数据不可靠、方法不科学》，中国新闻周刊微信公众号，2018年12月5日，https://mp.weixin.qq.com/s/3Aq-mIWxur_hlYw0cf6xLg，2018年12月24日。

13. 让主流声音传播得更远 ①

王晓婕 / 文

"快手的老铁们，今天新闻联播官方快手号正式开通了！"

"大家好，今天新闻联播的抖音号正式开通了！"

没想到，这竟然出自《新闻联播》。它先是凭借"满嘴跑火车""羡慕嫉妒恨"等网络通俗语言成功出圈，承包热搜，后又凭借新推出的短视频栏目《主播说联播》让网友对其欲罢不能，再到快手、抖音号的上线，微博的一顿"花式营销"，《新闻联播》瞬间圈到了一大批"90后"乃至"00后"的"联播粉"。

用户在哪里，新闻阵地就去哪里。互联网时代改变了人们的阅读习惯，越来越多的传统媒体也开始尝试通过"借船"去不同平台扩大影响力。《新闻联播》放下身段，下海互联网就是一个很好的案例。事实上，现在的媒体已经有了很强的意识，懂得"包装"内容去匹配不同的互联网平台，以达到更好的传播效果，也同平台达成一种更加和谐的合作关系。

央视《新闻联播》：一次"老父亲式"的努力

《新闻联播》自1978年1月1日开播以来，大部分用户对其印象就是正经、高端、严肃。但从一系列新动作来看，这位"中年大叔"形象更年轻了，话语更犀利了，态度也更亲和了。

短短一个月时间就能在互联网上"火"起来，《新闻联播》显然是有"预谋"的。先是从2019年7月25日开始，《新闻联播》用"荒唐得令

---

① 原载传媒评论微信公众号，2019年9月10日，原题《优质内容如何做好平台分发？让主流声音传播得更远，这些传统媒体的拿捏手法十分到位》。

人喷饭""羡慕嫉妒恨""满嘴跑火车""怨妇心态"等一系列犀利而贴近年轻受众的用词，成功占领热搜；紧接着，1分钟竖屏短视频栏目《主播说联播》于7月29日推出，段子频出，金句不断，吸粉无数；8月16日，《新闻联播》又"趁热"开通了微信公众号，除了推广《主播说联播》短视频，还推出了另一个图文栏目《联播划重点》；8月24日，《新闻联播》又正式入驻抖音、快手平台，短短10天时间就吸粉超过1600万。至此，这位"中年大叔"，已经彻底摇身一变成了网红，完成了立体环绕式的互联网传播模式的打造，让粉丝们看到了一个"不一样"的《新闻联播》。

而对于这些不同平台，《新闻联播》在内容包装上也会有细致的区分，不少内容会进行二次加工。

《主播说联播》短视频栏目刚推出时，除了会在央视新闻客户端推出，每期都会第一时间放上央视新闻微博，并根据其中一句经典内容申请话题，冲热搜，截至2019年9月1日，"#主播说联播#"话题阅读量在微博平台达10.4亿，播放量破千万。

而在短视频平台快手和抖音上，《主播说联播》的内容又经过了二次加工，比如9月3日关于中国男篮惜败波兰男篮的内容，原视频长度是1分19秒，而在抖音快手的长度则是更加精简的35秒版本。在快手平台上，《新闻联播》还会利用快手的相关功能，给短视频封面加上醒目的"弹幕"，进一步加强对年轻用户的吸引力。

在新上线的微信公众号中，《新闻联播》在标题上更加下功夫，同样是《主播说联播》的内容，在微信推送中会制作更适合朋友圈转发的标题，除了这个主打的短视频栏目，新闻联播微信公众号还推出了另一个图文栏目《联播划重点》，对习近平总书记的重要活动、重要讲话进行报道解读。除此之外，微信粉丝还能在公众号中看到不少《新闻联播》中播出的热点新闻的延伸报道。

《新闻联播》此番下海互联网小试牛刀就"一炮打响",与它在电视上几十年来形成的强大影响力是分不开的。这也给其他积极布局新平台的传统媒体提了个醒,与其在新平台开新栏目,倒不如用传统王牌栏目去抢占新"市场",说不定能起到事半功倍之效。

新京报"我们视频":借助平台实现三赢

在移动视频新势能爆发的大趋势下,一批传统媒体选择顺势而为,充分借助短视频和直播的风口进行转型,新京报"我们视频"的转型就是其中的典型之一。

2018年,"我们视频"入驻快手。2019年上半年,新京报更是加强了在快手平台的运营,近期单个视频的平均播放量在200万以上,不少爆款视频点赞数都超过了100万,还取得了60天涨粉100万的"业绩"。

"我们视频"团队大约有130余人,每日视频作品发布量在百条左右,但并不是所有视频作品都会投放到快手平台。

据团队介绍,在做快手分发时,"我们视频"会从内容和形式两方面去考虑。从形式上来说,竖屏形式的视频,才会发布到快手上,这就提前做了一道审查。在视频时长上,也尽量控制和缩短时间,符合快手用户喜欢"时长短、节奏快、密度高"的特性。

而从内容上来看,"我们视频"团队研究发现,快手用户普遍喜欢核心画面和核心现场,特别喜欢现场感特别强烈的视频,于是就会有针对性地去挑选合适的内容。

对"我们视频"团队来说,快手平台除了是分发渠道,也是选题来源。快手用户通过分享自己的生活,提供了大量细节丰富的内容。这些来源于生活的内容都可以成为新闻报道的素材。比如"我们视频"在五一劳动节期间做的劳动者故事选题,大部分用户故事都来自快手。记者们在快手寻找线索后采访制作融媒体报道，报道最终会呈现在《新京报》报纸上，还可扫描二维码观看视频作品，这也是一次非常好的融媒体探索。

值得一提的是，"我们视频"已经开始在快手上获得一定的广告分成，据相关负责人介绍，按照目前预估，"我们视频"每年在快手应该会有上百万元的收入。

可以说，通过与快手的合作，"我们视频"正在实现内容、作品影响力和营收的三赢。

新华社微信公众号：突发事件的微信报道新尝试

2019年6月，四川宜宾长宁发生的6.0级地震，牵动着所有人的心。对于媒体报道来说，地震这样的自然灾害发生后，给用户及时提供现场照片、视频直播无疑是最为直观的。客户端、微博等平台都可以及时刊发最新消息或是进行现场直播，那么被限制推送次数的微信公众号平台对突发事件又能如何处理？如何更及时地跟进灾情？

新华社官方微信公众号的做法，有一定借鉴意义。

2019年6月17日，新华社微信公众号先是及时推送了一条来源于中国地震台网的小简讯，然后对文章评论区进行了充分利用，让评论区不仅是一个互动板块，更成了搜集线索、滚动报道的窗口。简讯发出后，值班人员迅速在微信文章评论区置顶一条："各位网友，若方便请把地震现场情况发给我们，包括现场图片。愿所有人平安！"

随后，值班人员以震区情况、救灾进展、伤亡数字等为主，在评论区进行滚动更新，第一时间回应网友关切，有效弥补了在突发事件中微信公众号推送次数有限的问题。当晚，这条新闻评论区的留言，点赞量最高的超过4000次。一篇寥寥几十字的简讯，得到了百万网友的积极回应，最终阅读量超过120万人次。

083 / 媒体与平台

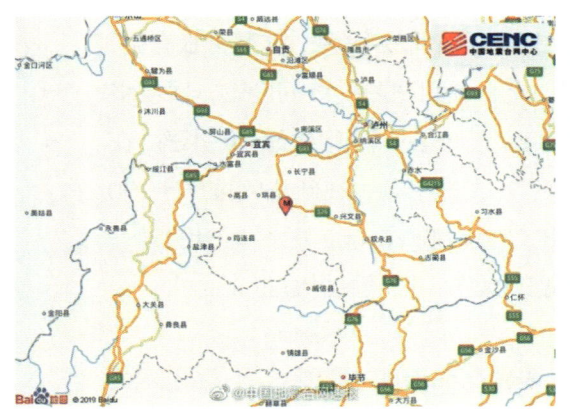

新华社微信公众号截图

事实上，除了此次在突发新闻微信报道中的突破，新华社在各个新媒体平台都已经形成了比较成熟的打法。比如在抖音的短视频制作上，尽量用抖音上比较常用的背景音乐，突出主题，强调故事性；叙事有张有弛，高潮内容放中间；字幕能不加就不加，文字说明注重关键词设定，以便机器抓取。在微博上则更加开放，常常会通过一些快评来进行舆论引导。在新中国成立70周年报道中，新华社以"70"为主题，在新华网推出《700字说70年》，还在微博和客户端推出《70秒说70年》栏目。围绕同一主题，针对不同平台特点推出不同策划的操作，也颇具借鉴意义。

温州都市报《9后吐真言》：都市类媒体的突围

2018年抖音客户端上线以来发布了第一份媒体抖音年度报告，报告中除了央媒外，温州都市报、河北青年报等入围十大平面媒体类抖音号。除了手握资源的央媒外，都市类媒体也可以闯出一片天。

2018年9月，温州都市报抖音号正式运营；10月，温州都市报策划、推出了一档针对年轻人的街采短视频栏目《9后吐真言》。

《9后吐真言》短视频关注年轻人的话题，如推出过《年轻人会给小辈压岁钱吗？》《过年回家最怕被问什么？》等，展现时下的社会热点和年轻人的心声。

为了让这档短视频栏目有更多的曝光率，每一期街采视频制作后，会同步在温州都市报的掌上温州客户端、抖音号、今日头条号、微博及秒拍等平台分发。

由于各平台规则不尽相同，《9后吐真言》分发时会按照各平台的要求剪辑不同版本的视频，如掌上温州客户端和温州都市报在微博、秒拍发布的是完整版的视频并配发百余文字视频说明，在抖音号上则发布剪辑后的浓缩版，配简要视频说明，同时由抖音号同步到今日头条号。

其他媒体如河北青年报、新京报等，在利用抖音平台为自身品牌做宣传方面也颇有心得。比如河北青年报的抖音号"保定播报"和新京报的抖音号，在每期的短视频中都会加上报头，既可以使一些横视频在竖视频平台上显得不那么突兀，又突出了自身品牌，一举两得。

　　结合以上案例可以发现，主流媒体"借船出海"的玩法"套路"很多，关键的一点是要清晰地了解自身特色，也善于研究平台特色、用户特色，并将二者有机统一起来，才能借助平台之力，将主流声音传播得更广更远。

14. 又获奖了，它的数据新闻到底好在哪[①]

王卓尔 / 文

数据新闻作为一种独特而多元的新闻呈现方式，已成为各路媒体在数字传媒时代的必争之所。人民网、新华网、澎湃新闻、网易新闻等媒体都争相开辟了数据新闻板块，其中比较有代表性的当属财新网"数字说"。

作为国内较早成立的数据新闻制作团队，财新数据可视化实验室（后文简称"财新"）集新闻编辑和数据研发于一身，各种国内外奖项拿到手软。在 2018 年全球数据新闻奖中，财新作为唯一的中国大陆媒体入围，击败来自 BBC、彭博新闻社、英国卫报等媒体的 11 个团队，获得"最佳大型数据新闻团队"奖。

从这些作品当中，我们可以发现财新在数据新闻的探索中的一些特点和经验。

叙事逻辑微妙转变，让用户自己寻找答案

数据的丰富和充分利用使得新闻在叙事方式或逻辑上有了微妙的变化。数据新闻作品不再只是"我说你听"的单向式报道，在越来越多的交互式报道中，用户可以通过自己的操作，去寻求自己感兴趣的问题的答案。

以文本为主的数据新闻多采用"提出问题—分析问题—引人深思"的结构。在这类新闻中，数据渐渐跳脱出原来那种只负责当论据的呆板角色，开始引领用户去发现规律或得出结论。在叙事脉络上，财新的作品多

[①] 原载传媒评论微信公众号，2018 年 9 月 10 日，原题《"财新"的数据新闻怎么能做到"拿奖拿到手软"》。

是先提出问题，而后分析问题，最后引发用户的思考。

例如《"眼镜大国"养成记》这一篇报道，先对中小学生视力现状发问：经过几十年"眼保健操"的"保护"，中国学生的视力在变好吗？接着，作者选取 1980 年至 2014 年间变化明显的时间点制作中国学生近视率变化图。从图中，用户可以观察到明显的变化趋势，并且可能在读懂数据的同时思考：为什么变化会那么快？原因在哪里？之后作品才对呈现出来的数据进行总结，点明这 34 年间中小学生近视率增长了 3 倍。

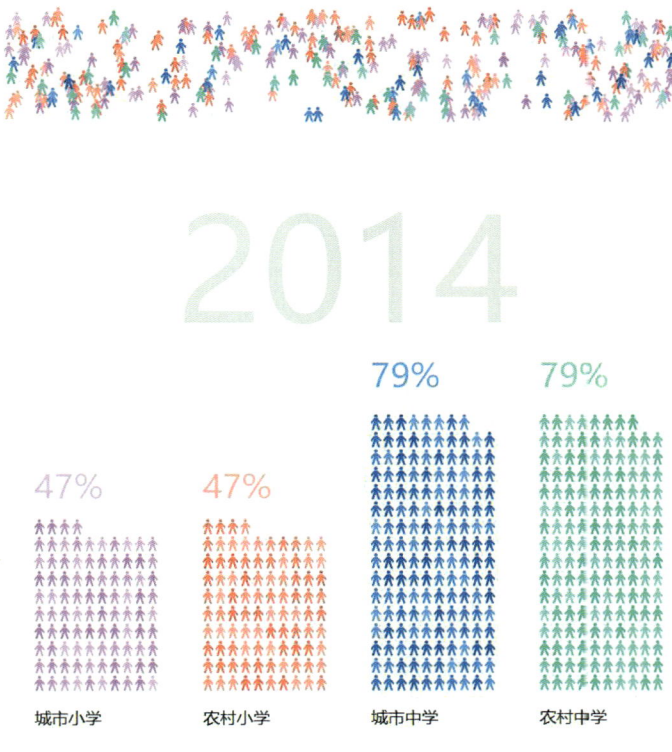

《"眼镜大国"养成记》作品截图

接着，文章通过比较其他国家的数据，引用研究发现的结论，提出增加课外活动是预防近视公认的方法之一。这就引到下一个问题：中小学生的课外活动时间都去哪里了？

如果总是引用报告中的权威数据，会让人觉得枯燥无味，所以作者在讲述"消失的十分钟"时通过实地走访北京的小学，加入鲜活的例子解释了课间活动消失的原因。当然，为了使报道更具说服力，作者由点及面，用新鲜出炉的"近视相关因素"调查报告为文章增添权威性。

所以，数据的作用不仅仅是作为论据去支撑观点，而是要在保证易读性的前提下说明一些问题，更好地为内容服务。

还有一些数据新闻是以数据可视化图表为主，辅以文字进行说明，营造数据和文字的平行结构。可视化图表并不直接说明问题，但用户却可以通过图表的呈现，去发现数据背后的问题。比如《博物馆里的国家宝藏》这一报道，作者仅在开篇提出制作缘由及大概内容后，直接切入按朝代排列的文物数量的"提琴"图。随着鼠标的滑动，文本随之飞入又飞出，从整体到局部对可视化的关键处进行阐释，并举例说明。通过大量数据支撑以及多样化的呈现形态，文字说明体量很小，却足以让用户发现问题。

在更极致的数据新闻作品中，文本的作用更被大大减弱。丰富的交互式图表，让用户几乎不需要特别提示就能够看懂并进行操作，可以真正做到看"图"说话。这类数据新闻在提供服务类信息方面具有较大优势。同时，此类作品在交互方面有了进一步的提升，甚至可以做到信息定制，用户通过自己的筛选操作，就能从中获取自己想要的信息。

比如《高铁动车6小时能到的地方，你想去哪个？》这个作品，整个界面就是一幅可以缩放的地图，作者用不同颜色的线段将铁路线路连接起来，用来区分路程长短，还把国家风景名胜区的位置也标记在地图上。用户可以在地图中点击或选择常用出发地查看具体的高铁线路，了解与景区

091 / 数据新闻

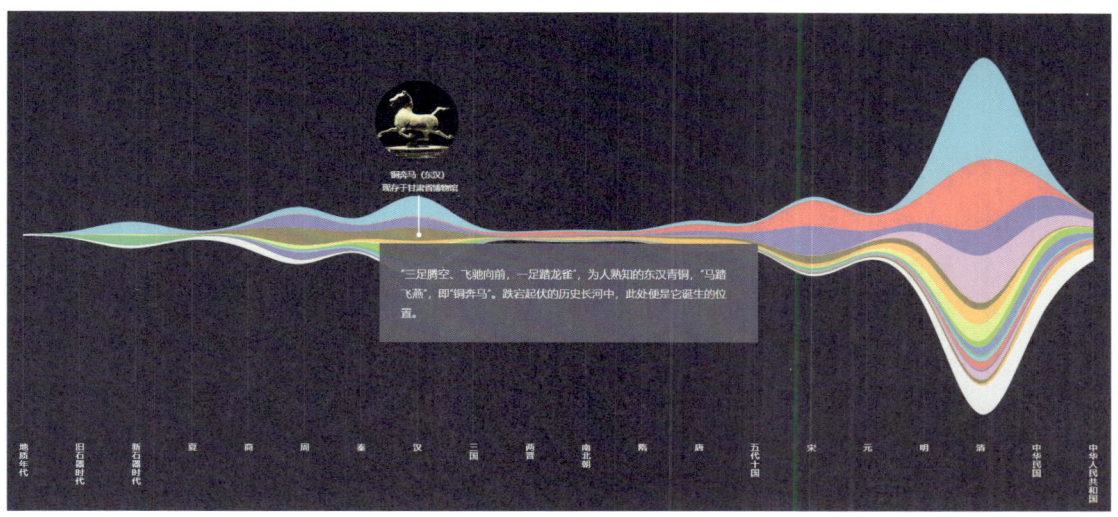

《博物馆里的国家宝藏》作品截图

《高铁动车6小时能到的地方，你想去哪个？》作品截图

的距离和高铁通行时间，具有很强的服务性。

作品形态推陈出新，各路技术助阵数据新闻

数据新闻最大的好处就是能把复杂的故事用数据简单化呈现，并且用优美的图表呈现出来。财新坚持"数据是骨骼、设计是皮肤、故事是灵魂"的理念，在图表创新方面具有鲜明特色。

财新的数据新闻作品常常会运用到数据地图这一形式。在这些作品中，地图已不单是静态地理位置的呈现，而具有更丰富、可交互的表现手法。复杂的故事，通过一张地图便能形象地说清，或仅依靠颜色就能说明问题。交互的运用使得地图不再"死板"，对于信息的表达也更灵活、更符合需要。

比如《移民去远方》，这一作品描绘了 2015 年全球移民情况，将一个可以拖动旋转的三维地球及相应说明固定在三分之二版面处，用户可以在左上方选择国家或地区，并通过选择"移入""移出"或"移入 + 移出"看到移民的动态流动方向及数量。针对移民人数最多的几个国家或地区，作品还将代表 50 万的人形图案加于线条之上，模拟出移民的流动感。

图表和地图虽能讲清大部分事实，但是怎样拉近与用户的距离，使数据更直观、有力、贴切地服务于用户，财新的作品带给我们一些新的启发。

再比如《五环之外》这一作品，它从包括房价、空气质量、居住密度、学校、医院在内等 12 个角度全方位透视北京城市规划，结合个例，折射出大城市下小人物的生活现状，引发公众对自身居住环境的关注。在介绍完北京五环、六环的发展历史后，作者开始探究五环、六环之间到底有什么，于是开车在五环外走了一圈，沿途用视频记录下标志性地点，并在地图中嵌入。每延伸到一个地点，相应视频就会自动播放。这比用大篇幅去

①

北京有千万以上人口生活在五环路以外，其中又有许多集中在五环路和六环路之间。据北京市统计局向媒体披露的数据，在北京的各环之间，五环到六环间的常住外来人口最多，2014年末达358.6万人，大约四成的"北漂"都在此居住。

1600平方公里

北京五六环之间究竟是什么样的存在？人们刻板印象中的偏、乱，或许也不能准确描述这1600多平方公里的全貌。

从正北方开始，先是天通苑和回龙观，被调侃为"亚洲最大社区"，这里的人、车和楼房的密度都非常高。

沿着五环向西，到达"北四村"，"蚁族"程序员聚集区，而互联网巨头们就坐落在不远处。

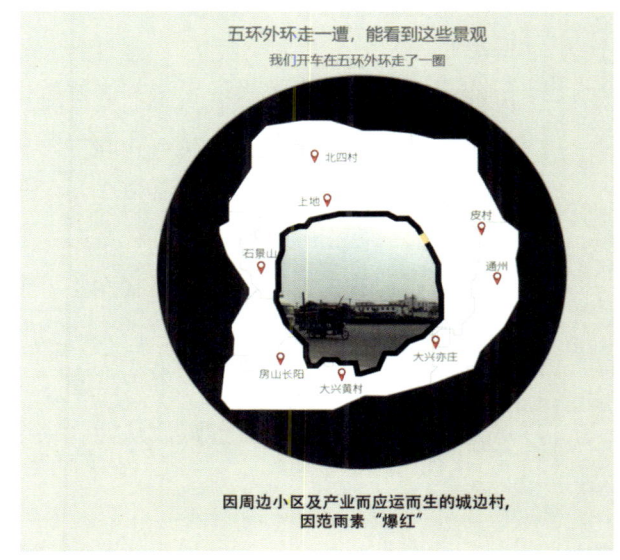

《五环之外》作品截图

描述具体现状要直观得多，也使得文字部分能够更加简练，突出重点。

技术是数据新闻产品团队必备的基本功。任远是财新数据的一名设计师兼工程师，在谈到一次项目的开发思路时，他建议至少有一门底层语言或面向对象语言（比如C++和Java）的开发经验，"会对结构化和优化代码有很大的帮助，会了解更多的关于内存管理、数据管理、面向对象、设计模式等知识"①，尤其对于图形编程来说，熟悉了严谨的模式才能更好驾驭上面提到的、松散的、伪面向对象的JavaScript语言②。

同时，广大数据新闻从业者也需要避免过度"炫技"，技术终归是要服务于内容的，不能喧宾夺主。为了让用户能够看到明确、丰富、有启发

---

① 任远：《财新可视化开发思路：Empire Building》，财新数据可视化实验室微信公众号，2015年2月6日，https://mp.weixin.qq.com/s?__biz=MjM5MDk5MzY3Nw==&mid=202787805&idx=2&sn=c607942644f1d34128096482510bbeab&mpshare=1&scene=1&srcid=0731HUAmbsavriPLkiKaHqFH#rd，2018年7月27日。

② JavaScript语言：一门编程语言，它可以在网页上实现复杂的功能。

的作品去找寻合适的表现手法并讲好数据新闻故事应该成为业界共识。

　　当然,在数据新闻领域,还有一些声音值得关注。2017年10月,德国一些学者分析了2013年至2016年获奖的225个数据新闻作品,从而得出目前数据新闻的主要特征和局限:数据新闻仍耗费大量人力,报纸仍是数据新闻的主力,以政治新闻为主,变得更有批判性,主要依赖官方数据,可视化方式仍较为初级,以及互动性好的作品较为罕见[1]。对标获奖的财新,我们可以发现,它不仅鲜有"中招",反而走出一条个性化之路,成为业内标杆。这对其他媒体从业者来说也是一个不能懈怠的理由。

---

[1] 镝数聚Dydata:《从2012到2018,全球数据新闻奖获奖作品揭示数据新闻"路在何方"?》,知乎,2018年6月10日,https://zhuanlan.zhihu.com/p/37914717,2018年7月27日。

15. 数据新闻的三种模式：传统、深耕和量产 ①

王漫 / 文

  自 2012 年数据新闻走上正轨以来，数据新闻工作者和"技术帝"们尝试了多样化的产品，为新闻业和市场提供了更多新的创意模式。在内容运营的需求越来越深入的当下，数据新闻一度被称为内容运营的"新风口"。2018 年 10 月 5 日在首尔召开的第三届亚洲深度报道大会上，"数据新闻"这个话题受到了与会嘉宾的极大关注，来自澎湃新闻、新一线研究所、数据工场的三位资深中国数据新闻从业者分享了各自平台的经验和技巧。而这恰好代表了目前中国数据新闻的三种运营模式。从这三种运营模式中，我们也看到了中国数据新闻制作的源起和未来。

澎湃"美数课"：传统媒体转型，新闻还是硬道理

  在过去的纸媒环境中，数字新闻工作者、图表设计师等通常扮演的是一种支援角色。数据新闻在选题敲定后，要由数字新闻工作者完成数据搜集、清洗和分析，再确定文案，交给设计和技术部门完成可视化制作和前端开发。由于流程环节太多，产品在制作过程中总是容易"走样"，偏离了编辑策划新闻产品的初衷。

  澎湃的前身是上海报业集团主管的《东方早报》。澎湃新闻的执行编辑吕妍表示："初创伊始，澎湃就想尝试做一些不一样的新闻，希望通过独立采访和原创内容，报道突发新闻，树立自己的品牌。所以《东方早

---

① 本文首次发表时为三篇独立作品，分别为：《"美数课"：把数据新闻做到用户心坎里》（传媒评论微信公众号，2018年11月2日）、《新一线城市研究所：沉淀城市数据 打造独家资源》（传媒评论微信公众号，2018年11月14日）、《数可视：瞄准B端发力 量化生产提效》（传媒评论微信公众号，2018年11月15日），本书汇编时有删改。

报》整体向互联网平台转型。"①而在这个转型过程中，数据新闻成了一个突破口。

澎湃新闻在 2014 年就成立了专门的数据新闻团队，让那些传统意义上的"辅助"人员来共同生产内容，创作产品。"美数课"团队分为编辑组和设计组，一专多能的编辑除了需要处理日常的稿件、挖掘选题外，还要负责收集数据、分析数据，同时也需要掌握一些简单的前端开发和设计技术；设计师团队分别负责手绘、三维、信息图的制作。具备一定的独立性、拥有一专多能的编辑团队，让澎湃数据新闻的生产节约了许多沟通成本，也减少了作品"走样"的可能。

然而，对于数据新闻工作者来说，在制作中如何获取数据是更加重要的一环。吕妍在 2018 全球深度报道大会上介绍说："澎湃新闻公司年鉴是查找开放数据的好方法。然而，我们的法宝是与专题记者建立合作……另外，我们会收集政府、环境组织提供的数据。"

这样的数据获取渠道可以很好地解释澎湃新闻所生产的数据新闻的内容类型。从澎湃新闻 2015 年至 2017 年发布的 502 条数据新闻来看，政治、经济、社会民生三大类选题分别以 21%、19%、18% 的占比排名前三，与传统媒体政经文社四大板块的设置基本相同，这也很好地体现了澎湃新闻主流媒体的地位。

具体到选题上，无论是踩准时间节点推出的《数说国庆黄金周二十载：国人出游传统养成记》《世界难民日丨42 年难民迁徙地图：范围扩大，路径增多》，还是配合突发新闻的《图解丨印尼海啸造成 1200 人丧生，余震已发生 170 次左右》《一图看懂寿光洪灾，上游泄洪导致下游村

---

① Lizzy Huang：《澎湃、新一线、数可视：中国数据新闻运营的三种模式》，全球深度报道网，2018 年 10 月 8 日，https://cn.gijn.org/2018/10/08/澎湃、新一线、数可视：中国数据新闻运营的三种/，2018 年 10 月 29 日。

庄被淹》,"美数课"的选题都带有极强的新闻性。

新一线城市研究所：沉淀城市数据，打造独家资源

而新一线城市研究所与澎湃"美数课"的数据来源有着非常大的差距，这主要是由其自身的定位和性质所决定的。

2013年,《第一财经周刊》推出"新一线"的概念，并启动了一系列报道计划；2015年，组建新一线城市研究所。

《第一财经周刊》本身是专注于财经领域的媒体，由其衍生而来的新一线城市研究所将这种专注推向了更加垂直细分的"城市"领域。新一线城市研究所的主要数据来源于互联网公司的大数据，比如阿里巴巴或京东提供的数据，他们利用这些商业数据从一个崭新的视角去观察城市的发展和变化。其产品呈现的内容基本上围绕城市和商业的交叉点展开，具有一定的独特性。也正是由于新一线城市研究所对自己的精细定位，所以从产品上我们会发现它追热点的情况相对比较少，基本上都是按照自己的节奏来产出内容。

商业数据与政府数据不同，它虽然"产量"庞大，但真实度保证却存在一定的难度。由于数据来源主要依靠商业数据，对新一线城市研究所来说，要想提供更权威的排名和报告，团队就必须在分析数据之前，对收集到的商业数据进行一轮较为严谨的"清洗"，这种清洗包括了真实和全面两个要素。

此外，由于新一线城市研究所的切口小，要做大做强就必须"扎根深"，而这种需求带来的另一个问题就是数据沉淀和积累，这就要求新一线城市研究所的团队不能仅仅把选题当成一条新闻，做完了事，而是必须学会不断追踪并在数据库中导入、积淀数据，以便通过这种方式去维持一个选题的延续性和新鲜感，更好地维护数据库，给项目的运营提供基础

保障。

　　"规模不大，影响力却不小"，无疑是对这个团队最精确的形容，正是因为它在数据沉淀和延续性方面得到了保证，所以每年由新一线城市研究所举办的新一线城市峰会都会会聚来自商业、互联网、数据、城市规划等领域的各界"大咖"，而每年的新一线城市榜单也都会引起地方政府对"新一线"概念的关注和对其背后数据的兴趣。据介绍，多个城市的宣传、发改、旅游、商务等部门都保持和新一线城市研究所的长期联系，希望能够通过新一线城市研究所的数据帮助城市更好地发展，而新一线城市研究所也可以通过这样的合作来拓展数据来源，探索盈利之道。

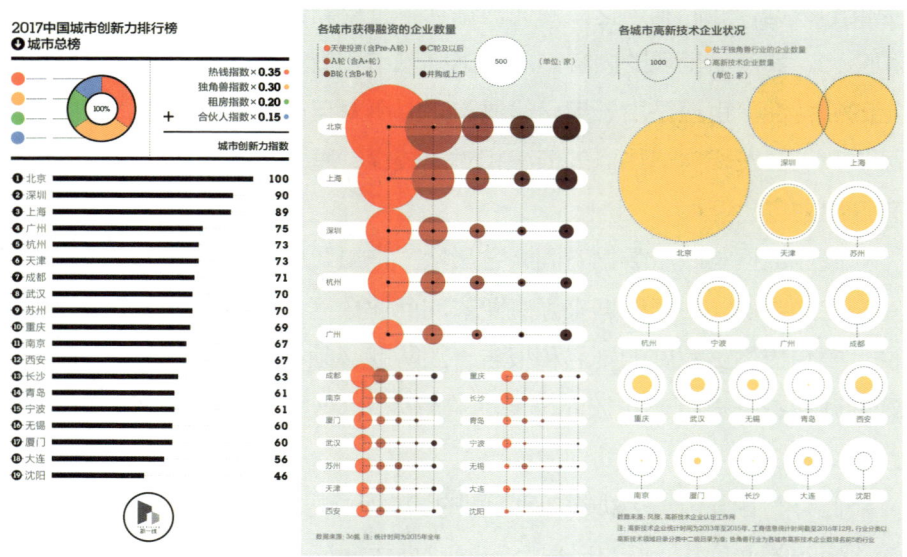

新一线城市研究所作品《2017中国城市创新力排行榜》部分内容截图

数据工场：推行流程化量产，拓展数据新闻的商业模式

提起数据工场，人们对它旗下的微信公众号"数可视"一定不陌生。与澎湃新闻"美数课"和新一线城市研究所有较明显的区别，数据工场从2016年成立之初就将用户直接瞄准B端（B代表Business，B端意为商业端），旨在为政府、企事业单位提供数据挖掘、分析及可视化服务，它更重视技术对"生产力"的推动效果。

在为B端用户提供服务过程中，数可视团队基本沿用了传统媒体的"选题策划—数据收集及分析—产品制作"这个流程，只不过"甲方"并非它自己。所以数可视团队在制作产品时，它的内容生产流程变为"与B端共同敲定选题—确定数据来源—开发、设计及形成报道"。

然而，数可视在数据的获取和可视化过程中，还是需要依赖大量人力，这也促使这个团队努力去拓展机器在这个流程中的应用，将人的工作尽可能交给机器去完成，从而实现高效大量生产。

数可视创始人黄志敏在接受腾讯科技采访时曾表示："数可视以工业化的方式生产数据新闻，通过将新闻生产流程标准化缩短生产时间、降低生产成本。"[①] 虽然目前数可视与腾讯科技合作制作一个作品的用时为半天到一天，已经比一般的数据新闻生产时间缩短了很多，但黄志敏仍要求团队成员缩短生产时间至3个小时甚至更短。

数据新闻本身是不赚钱的，对于媒体机构来说，它的意义在于推动媒体转型或者换个形式来维系原有用户，但对于数可视这样的平台来说，如何挖掘数据新闻的商业模式尤为重要。

首先，数可视给自己定位为"数据新闻供应商"，就为自身确立了一

[①] 燕妮：《专访数可视黄志敏：数据可视化领域能否诞生"独角兽"？》，腾讯科技微信公众号，2018年6月22日，https://mp.weixin.qq.com/s/THklk60SxNzaQs57pxDmfg，2018年10月29日。

个较为稳定的商业模式。数可视的用户更应该被称之为"客户"。这种模式可以使数可视在一定程度上维持运行。新华社、《解放日报》、腾讯新闻等媒体机构都与数可视建立了合作。

其次,数可视通过搭建平台,在提升自己品牌影响力的同时,也为数据新闻从业者提供了一个交流的平台,为对数据新闻感兴趣的人提供了一个入门机会。数可视着重在三方面进行拓展,即鼓励数据新闻、创造交流机会以及培养数据新闻人才。黄志敏在2018年6月接受采访时表示,"现在我们已经在研发一些产品,未来我们会靠做数据服务来获利"。举办讲座、工作坊和研讨会,上线 MOOC[①] 课程,数可视若把这些尝试往产品方向发展,为相关客户提供数据服务,也许不失为一种可期的盈利模式。

---

① MOOC: Massive Open Online Courses,意为大规模开放式网络课程。

16. 建设性舆论监督：让公共治理的"大树"免遭"虫蛀"[①]

王晓婕 / 文

2018年8月，山东、海南两省政府向媒体"求监督"，吹响了鼓励舆论监督的号角，中央和各地党媒在开展建设性舆论监督方面也频有大动作。从大众日报聚焦当地"一次办好"改革，派出17路记者暗访17个城市的政务中心，到人民网暗访，曝光黑龙江鸡西、鹤岗洗煤废水排放河流、粉煤灰不当存放等环境污染问题，再到《浙江日报》开出《一线调查》专栏，持续聚焦省内各地落实中央大政方针及省委决策部署不力、侵害人民群众利益、干部不作为不担当等方面的问题……随着舆论监督报道的密集推出，监督报道做什么、怎么做，也成了传媒圈的焦点话题。

舆论监督不等同于负面报道，不是仅仅报道某个社会负面现象，让公众看完骂一通就算了，而是要通过媒体的力量，切实促进问题的解决，让公共治理的"大树"免遭"虫蛀"，更茁壮地成长。

深度稿件引导舆论，体现监督力度和专业化

2018年8月8日，《浙江日报》在头版开设建设性舆论监督栏目《一线调查》，通过记者深入一线，开展调查采访，推动相关问题解决。专栏第一期聚焦上虞余姚交界处的非法砂场为何关不掉，通过连续两天的追踪，该非法砂场最终被查封，此举获得了当地村民的广泛好评。

和《浙江日报》一样，近年来，不少省市级媒体都在纸媒端开设了舆论监督专栏，定期推出相关报道。《大众日报》自2018年7月26日起推出舆论监督专栏《大众调查·聚焦难点痛点堵点》，首篇聚焦"一次办好"

[①] 原载传媒评论微信公众号，2018年10月25日。

改革，刊发报道《17路记者暗访17市政务中心》，17路记者端出的这份"麻辣烫"让这些政务中心感受了一把"辣"味。《解放日报》推出的"解放热线·夏令行动"媒体监督报道活动于2018年联手12345市民服务热线、上海新闻广播，直接对接申城16个区的区长，结合大调研，通过摸排梳理，聚焦各区民生问题的痛点和难点，推出相关调查报道。《南方都市报》自2015年起就推出了舆论监督类栏目《马上办》，每周刊登3至4期，每期篇幅至少一个版；该栏目还会推出年终盘点，聚焦一年来解决问题的数据等情况。

而舆论监督报道的一个关键词，就是"持续跑"。以推进社会治理为目标，舆论监督报道显然不是把问题曝光就完事了，也不是帮助老百姓解决眼下的问题就完事了，更要促成相关部门采取措施，防止类似的问题再发生。

《解放日报》的"解放热线·夏令行动"的监督报道，在曝光问题的同时，都会配发一个区领导访谈稿件，请当地区长直接给出问题解决方案。还有很多媒体都会在舆论监督报道发布后，持续关注事态变化，后续追踪报道逐步常态化。持续的关注，常常能够促成媒体与政府部门间的积极互动，在推进社会治理方面实现"1+1>2"的效果。

2018年7月19日，《湖南日报》以"沅江不动产过户收取测绘费合理吗"为题，报道了一名群众在沅江市不动产登记中心办理房产过户时，被收取400元测绘费。在8月13日的后续报道中，沅江市国土资源局表示已对所有涉及收费的项目开展全面清理。本文开头提及的人民网关于黑龙江煤城环境问题的监督报道，更是撬动了黑龙江整个煤炭行业的大整改。这其实是公众、媒体、政府都愿意看到的三赢结果。

舆论监督不是捅"马蜂窝"，而是要安全摘掉"马蜂窝"。但"马蜂窝"摘不掉或是政府部门不配合怎么办？此时的"持续跑"就需要媒体拿出更大的决心来。

2018年8月12日,《浙江日报》的《一线调查》栏目对杭州西湖九溪景区旅游厕所存在脏乱差的现象做了报道,景区随即开展厕所专项整治;13日,《浙江日报》对整改内容做了跟进报道。至此,一次正常的建设性舆论监督原本也就收官了,但采写上述报道的记者后来却发现,自己竟在整改报道见报当日,被西湖风景名胜区管委会记者群的管理员移出了微信群,原来的媒体联系人也不再回复记者任何微信。于是,一篇短评《西湖景区 风度何在》出现在了2018年8月24日《浙江日报》头版《今日说》栏目中,把政府部门不配合的态度放到了台面上,让用户一致叫好。这样一种"找麻烦"的方式,对社会治理的作用也绝不是负面的。相反,正是因为这些针砭时弊的舆论监督,增进了政务能见度,更能帮助痛点难点问题的解决,最终推动社会善治,增益公众信任。

舆论监督形态创新,加强社会治理多向互动

为了让舆论监督报道更具建设性,对社会治理产生积极作用,有的媒体还会选择通过采访专家学者,向相关部门提出建设性意见。例如在稿件呈现上,《南方日报》在刊发监督报道时常会在边栏配发专家观点,二者相辅相成,在曝光问题的同时,也给相关部门提供解决问题的思路。

而在互联网时代,舆论监督报道的形式早已不仅仅局限在一张报纸版面上,近年来,《作风建设永远在路上》《打铁还需自身硬》《巡视利剑》等正风反腐专题片公开播出后广受好评。主流媒体充分运用了新媒体手段让舆论监督报道形式更加立体丰富,老百姓的各类问题也可以通过新媒体途径进行表达,让社会治理从单向管理转向公众、媒体、政府部门的多向互动。

不少媒体在网站或客户端上推出了监督专题页或问政平台,搭建公众

表达与政府回应平台，让用户可以直接通过客户端与相关部门交流。如津云客户端的问政页面，用户除了可以提问互动还可以查看天津各区、各委办局的整体满意度情况、问题数量、回复率等；新重庆客户端的问政平台功能更加细分，用户除了通过媒体留言，还可以直接联系部委联络人提出问题，查看每周网络问政综述等内容；四川日报网在首页显著位置推出问政专区，无论是多么辛辣的问题，用户都可以直接留言，并且重点问题还会被加粗显示在专区头条或第二条，让政府部门回复问题时更加谨慎认真。该网还根据领域和类别对留言进行集纳，将相同类型的问题"打包"呈现，给政府部门提醒，促进这一类问题的全线解决，更直接地对社会治理起到促进作用。

在推出舆论监督报道时，不少媒体还会在客户端上推出互动征集页面，让用户可以作为直接参与人，加入监督报道中。比如，重庆市卫生和计划生育委员会、市卫生计生监督执法局联合《重庆日报》、华龙网启动了"你点名我监督"活动；新锐大众客户端则在审批服务便民化问题线索征集平台上，根据该省推出的"一次办好"主题，邀请用户进行爆料。

通过这样的互动形式，媒体将监督权直接交给了用户，用户从"被动"接收信息到"主动"寻求信息，可以按照个人意愿请媒体和有关部门监督自己关注的问题。这种形式让用户深度参与到了舆论监督报道中。

一些媒体还会将舆论监督的进展和结果制作成可视化作品，清晰地梳理关键点，让用户可以快速了解监督情况。新锐大众客户端在充分搜集用户提出的关于"一次办好"的问题后，推出可视化作品《这8大案例戳中了"一次办好"的痛点》，将痛点进行归纳总结。红网则每月都会将问政大数据做成图解，对回复情况、市州留言办理排名等内容逐一进行盘点。通过这样的方式，不仅可以及时给予用户反馈，也可以引起政府部门的重视，这类新闻作品的互动评论数都超过100条。

电视问政常态化，创造社会协同治理新格局

说到电视问政，相信很多人并不陌生。通过让普通群众和政府官员面对面进行交流的监督方式，为群众反映问题畅通了渠道，也为管理部门发现和解决问题提供了平台。因此，这一类型节目一经推出，就受到了用户的关注和期待，该模式也被多地复制借鉴，四川、湖北等地都有相关电视栏目。

浙江的媒体对于"问政"也多有探索，比如温岭"民主恳谈"、乐清"人民听证"等机制，把各种与老百姓切身利益密切相关的问题，真刀真枪地摆到台面上来，让官员直面百姓的意见和建议，改善和解决社会痛点和具体问题。电视问政使"问政"走到了更大的屏幕——电视和互联网上，让更多人可以通过直播参与到政务监督中来。

各大主流媒体推出电视问政节目的周期各有不同。比如天津卫视《百姓问政》栏目于2018年2月推出，根据情况按天或按周播出；衢州广电推出的电视问政栏目《请人民阅卷》则以月播的方式推出。每到年中或年末，不少媒体还会推出以"年中考""期末考"等为主题的特别节目。

这类节目的形式大多是"调查视频+现场问答"，通过暗访等形式提前调查好相关情况做成视频，在节目现场播放，并由观众和政府代表交流互动，来促进问题的解决。

作为媒体，除了为普通老百姓和政府提供一个交流的平台，还要在节目之外监督促进政府部门解决问题，让此类节目在百姓心中"扎根"。更重要的是，这样一种问政互动形式，让政府部门意识到舆论监督的重要性，问政不仅不会损害政府形象，反而在推动问题解决和完善社会治理的同时，给政府部门的公信力加分。

这方面，由西安市政府和西安广播电视台联合主办的大型问政栏目《问政时刻》做得比较好。《问政时刻》于2016年4月8日首播，此后每

个月的 8 号推出一期节目，屡屡创下收视高峰，曾被央视新闻、《东方时空》等关注报道。

《问政时刻》在形式上同样采用了"暗访+现场问答"，但在节目开始之前，栏目组会先在西安网、问政时刻微信公众号、无限西安客户端上开通专题页。用户可以通过这些渠道报名参加节目，提前了解当期节目主题、嘉宾，此外还开通了网络调查和网络投票，让用户深度参与节目。有意思的是，《问政时刻》还让用户提前进行投票，可以在现场对被问政单位送出戒尺、墨镜、垃圾袋等"礼物"，这对于被问政单位来说，可以说是一件有特殊鞭策意义的礼物。

该栏目与西安市政府的合作也非常深入，西安市专门成立了由 13 家单位组成的电视问政领导小组，直接在电视台设立办公室。西安市纪委特别设计了"群众投诉问题交办函""对曝光问题问责追责督办函"，相关单位纪检部门派人全程参与，对曝光的问题进行核实和责任人追责问责。西安电视问政已建立纪委追责、督查室督查、媒体监督的立体式跟踪整治效果的模式，更好地推动了问题的解决。自节目开播以来，曝光具体问题近 300 个，向市两办督查室移交问题线索 600 多条，问责干部近千人，构建了党委主导、媒体聚焦、群众参与、督查督办、执纪问责"五方联动"的社会治理新格局。

通过电视问政这样一种舆论监督方式，西安形成了政府部门与媒体的良性互动，有效促进了政府公职人员执政理念和工作作风的转变，也提升了行政效率和服务水平，为老百姓解决了不少痛点难点问题，赢得了市民群众和社会各界的广泛好评。

过去，老百姓与政府机关只能通过书面或者电话往来沟通，答非所问或者推诿扯皮的现象时有发生。电视问政节目、新媒体的参与就给用户提供了这样一个直接、平等的交流方式和互动平台。我们不妨将舆论监督报道作为一个品牌栏目进行打造，通过选择正确合适的主题，对舆论监督报道进行合理的策划，加强与用户的互动，同时采取有效的策略推动后续报道，提高舆论监督报道的影响力和号召力，这样媒体的公信力自然就能水涨船高了。

17. 又见美的竞争力　一起来学习"新文风"[①]

王漫 / 文

"吸睛制胜""流量导向"的社交媒体平台正在重构传媒生态,"麦当劳"式新闻愈发受到热捧,"天下武功,唯快不破"的口诀已从突发新闻延伸至越来越多的新闻报道中,但优质的文化报道如文化一样,注重沉淀和积累,需要时间的浸润,是新闻"快消"式最难攻破的一环,也是最具"长尾效应"潜力的新闻类型。《钱江晚报》连续推出的《新安何处》《大咖与村童的音乐交响》等文化系列报道,为品质内容冲破快餐资讯的"包围"提供了一种新思路、新文风。

新安何处,心归此处

蒋勋在《美,看不见的竞争力》一书中曾表示,美的力量比什么力量都要大。在诸多新闻品类中,文化新闻就是"美"在新闻界的主要发声口。2018年8月6日,《钱江晚报》推出了一组文化系列报道《新安何处》,通过50个篇章的连续报道,寻找藏在新安山水间的文化基因和密码,集古益今,赋予新安一张更为清晰的文化面孔。

前几期报道均从整体入手,在综述过后,首先用时间和空间两大维度,一横一纵,来剖析新安文化的历史和现状,并巧用图解,全文着墨不多但承载厚重。在随后的几期报道中,又切换了分类方式,将落点缩小、变细,用一个个文化故事带出一段段新安文化的传承与发展。

在写作方式上,这组报道采用了古文和散文相融合的方式,不仅展现的是意境美,描写的是文化美,就连语言本身都透着一股文字美,将美

[①] 原载传媒评论微信公众号,2018年8月16日。

津津 传媒 道

基于媒体融合流程再造的实践产品 / 110

《钱江晚报》的《新安何处》版面截图

融入了整组报道的"骨子里"。在版式上,美也贯穿始终,特别是"烟雨江南"的水墨画设计,这种带着地方文韵的设计,对于用户而言,哪怕无暇细品文字,带上一眼水墨画也能让江南人找到认同感:哦,原来你也在这里。

长尾效应,潜力可期

从新闻传播的效果来看,美的竞争力还体现在其本身具有的"长尾效应"潜质。

在经济学上,"长尾效应"指的是那些原来不受重视的销量小但种类多的产品或服务,由于总量巨大,积累起来的总收益超过主流产品或服务的一种现象。这也同样适用于文化产品的传播,即这些细分文化内容的爱好者更有可能成为其忠实的消费者。因此,文化内容的"长尾效应"不仅能够带来阅读流量,还能有助于维护或提升媒体的品牌效应。

除了品牌的维护和提升,文化新闻作为一种较为"柔性"的报道切口,对地方形象的拓展也有着较高的传播价值。《新安何处》这组报道,在讲述新安文化的同时,也为新安文化所属地——淳安,打了一个"巨幅广告",用润物细无声的方式将地方形象传达出去,妥妥地站在了美誉界"食物链"的顶端,这种吸引力强、接受度好、转化量大的宣传方式,甩了"硬广"好几条街。有不少地方宣传开始广泛使用这个方法,比如《重庆日报》的《年味最是故乡浓》,《新民晚报》的《要过中国年 请到西安来》等,但相较于《钱江晚报》的《新安何处》这组稿件而言,其对文化"柔性力量"的自然把握还有所欠缺。

文化报道,温故知新

其实在纸媒年代,类似的文化报道策划并不鲜见,《浙江日报》《钱江晚报》都曾涌现过一批让读者念念不忘的好作品。学习"新文风",不妨找出我们的"曾经",温故知新。

2005 年《钱江晚报》的《先进性教育的民间期待》,就将文化视角融入重大主题,用人物报道以小见大,成功地将重大主题的思想性和可读性、可视性相结合。最终,报道荣获第十六届中国新闻奖一等奖。在纪念改革开放 30 周年之际,《浙江日报》推出的特刊《如歌岁月》,"岁月"写出了改革开放的历程,"如歌"道出了改革开放的辉煌,重大主题融入文化视角带来诗意的同时,也让历史更充实。在中国共产党成立 90 周年时,《浙江日报》推出的系列报道中,也用《思想之花》《血色浪漫》等颇具人文情怀的故事报道方式,将党的形象刻画得更加有血有肉。

近年来,互联网带来传播模式的变迁,让信息传播变得更简单。新闻话语在整体上变得更短、更快、更肤浅,我们有点"忙丢了"。

《新安何处》既见美的竞争力,也表达着一种坚持和期许——或许媒体图景正在转变,但对高品质新闻的需求会一直存在。在新闻内容品质创新的道路上,"文化"美好地微笑着:我们会做得比你们所想的更加多,我们并不止于你所看见的样子。

《钱江晚报》的《先进性教育的民间期待》版面截图

津津传媒道

基于媒体融合流程再造的实践产品 / 114

左起《浙江日报》的《如歌岁月》《思想之花》版面截图

18. 读《人民日报》的现场评论是种怎样的体验[①]

张宇洲 / 文

2018年7月20日上午，为期近一个月的"大江奔流——来自长江经济带的报道"主题采访活动在云南省丽江市正式启动。人民日报、新华社、中央广播电视总台等10家中央媒体以及长江经济带沿线11个省市媒体的百余名记者参与了主题采访，通过图文和音、视频等方式，记录长江经济带沿线各省市的发展变化。

如何做好这一次的大型主题报道，各家媒体一般采用以下"操作模式"：在新媒体上建立专题，将直播、视频、图文等不同形式的内容整合收归；纸媒端定期刊发主题版和栏目，即时报道最新调研成果。但"一般"中，也有"特别"。其中，《人民日报》的《现场评论·我在长江》栏目让人眼前一亮。

自2018年7月23日起，《人民日报》评论版推出《现场评论·我在长江》栏目，与读者一起踏访长江、寻路未来。自首篇《石鼓镇里说植绿》刊发以来，除去周末，该栏目基本做到了日更，报纸评论员以现场观察者的第一视角同步记录了所见、所闻、所思。

在人们的印象中，评论长于思想观点，短于新闻现场，但这一次，《现场评论·我在长江》栏目是如何突破定式，将"现场"和"评论"进行组合的，以及这样的报道形式给读者带来了怎样的体验呢？

文字还原见现场

现场评论因其浸入式特点，一直是电视、广播媒体的长项，如在党的

[①] 原载传媒评论微信公众号，2018年8月17日。

十九大报道中，央视分别在三场时政直播和代表通道前后，由白岩松做了5场现场即时评论报道，现场直击加上深度评论的样式，受到了社会各界的广泛好评。

这样的样式和效果，文字报道可以做到吗？《人民日报》评论员在《大江奔流——来自长江经济带的报道》的报道中做出了有益尝试。这是一组长途流动性采访，从丽江始，至丽水终，脉脉一江水……宛如一轴画卷。《人民日报》的评论员在现场，以写新闻的速度写言论，每天将所见所闻激发的思想火花，以最快速度采写记录下来，并发表于次日报纸。对纸媒而言，既有挑战，也难能可贵。

人在现场，文字报道相较于影像、视频的短板就有了补上的可能性。如评论中也可以出现人物，引用被采访人生动朴实的原话，还可以对人物及环境的关系进行描写刻画，一支笔亦能带着读者走长江路，甚至可以通过启发读者的想象作为补充，达到纯现场直播所不能达到的效果。

如首篇报道《石鼓镇里说植绿》开头就这样写到，"伴着潺潺江水，在云南丽江石鼓镇的林荫道上行走，看到一位戴草帽的老人在慢慢踱步，身后还跟着一条小狗"，潺潺流水、草帽老人慢慢踱步、小狗紧随身后，这样生动、鲜活而有表现力的细节描写，一下子让读者身临其境。"'种树成林，要靠大家的力量，光靠自己是做不到的。'说到种树，和泽周老人反复提起这句话。"现场人物一句话的提亮，其说服力胜过诸多间接描述。

发现基层见新闻

认真组织好重大主题报道，让人民群众充分了解党中央的重大战略规划和重大政策走向，使之家喻户晓、深入人心，是主流媒体的重要任务。在"天线"和"地气"之间，媒体可实践的领域很多。《现场评论·我在长江》栏目尝试的是落地基层、发现基层、回归基层。《石鼓镇里说植绿》《鲁甸乡民吃上了生态饭》《"我是一个幸福的农民"》……从这些文章的标题中，我们不难发现，评论员没有对标题进行过多的修饰和拔高，而直接用了实题，以接地气的开场讲述长江经济带的基层样本。

比如，2018年7月26日刊发的《"手艺好了，效益就有了"》、7月30日刊发的《"没有大象军团，就打造蚂蚁雄兵"》、7月31日刊发的《竹海、石斛与鲜花的生态经济学》等文章，都关注群众的脱贫实践，深挖其中的新闻故事，带给读者鲜活、生动的脱贫新闻。

8月3日刊发的文章《怎样下好港口"一盘棋"》，以一位重庆果园港的普通工人郑骁的感受切入，讲述了他的"思维之变"：以前把自己当"码头工人"，现在则是"港口工人"。基层鲜活案例，折射出果园港之变；而果园港之变，则映照着长江流域的立体交通与协同发展之变。从基层个体的观念转变，以小见大，引出长江流域的立体交通与共同发展，自然协调。

直面痛处见观点

同一般的记者随笔相比，《现场评论·我在长江》在营造现场、发现新闻的同时，突出的还是一个"评"字，每一篇文章都要带有记者剖开表面见真知的观点，并且其观点均抓住事物的主要矛盾，直击要害。

作为中国最长的河，长江生态建设一直是大家关注的话题。江豚一直被认为是长江水质变好的指标，长江生态是否有改善，从江豚的数量便能略知一二。2018年8月10日，《人民日报》刊发现场评论《让长江容得下"江豚之重"》，直面目前江豚的处境。文中数据称长江流域有江豚1012头，大幅下降趋势得到遏制，但其极度濒危状况没有改变，这样的结果离长江生态完全恢复还有很长的一段距离。痛定思痛，这样的结果需要反思，单单恢复江豚数量只是隔靴搔痒，真正要解决问题就要协调好发展与保护的辩证关系：发展经济不能对资源和生态环境竭泽而渔，生态环境保护也不是要舍弃经济发展。

直面痛处，才能凝练观点。这样的做法在文章《长江节奏，如何拨动这根弦？》中同样有着体现。回望长江经济带的发展，围绕高质量发展，更需要的是稳健的节奏。快与好之间，如何取舍成为长江经济带发展面临的主要问题。如何取舍，也是痛处的暴露，面对痛处需要快、准、狠地下药。因此，文章的观点直截了当：高质量发展像弹琵琶，不论指法如何变化，长江经济带生态优先、绿色发展的主基调、大节奏不能变。

近年来，新闻传播媒介有了更多样化的选择，但纸媒并没有停滞不前，其在思想提炼、文风创新、版面探索等方面有诸多可圈可点之处。《人民日报》的《现场评论·我在长江》便是一次能带来启发的新闻实践：人到现场，眼到现场，心到现场，就能创造出一种有深度、有鲜度、有温度的新文风。

19. 全媒体时代的"追风"三重奏[①]

张宇洲 / 文

受季风影响，我国东南沿海城市经常会有台风光顾，但每个台风的登陆地点、风力、带来的雨量等又不尽相同，因此对这些地方的媒体而言，台风报道可谓是常规性的突发报道。既是常规性，总有一定的规律可循。在台风不同的阶段，媒体报道重点也各有侧重：台风来临之前，主要以资讯为主，预测台风路线、风力、雨量等，提醒公众做好准备，以"防"为目的；台风登陆后，及时报道现场情况，做好"抗"台记录；最后则是在台风离去后，积极投入"救"的环节并对此进行总结。在全媒体时代，这"三重奏"又被赋予了不少新元素。

资讯先行，换个方式打"预防针"

2018年9月16日17时，被称为年度"风王"的第22号强台风"山竹"在广东江门台山市海宴镇登陆。对于"风王"的登陆，相信广东人民并不惊讶。因为，在此之前，无论是当地媒体还是央媒早已根据气象部门提供的台风信息，进行了充分的报道，提前打好了"预防针"。

2018年9月12日，《南方日报》头版头条刊发《做足最充分准备 采取最有力措施 做实做好防御"双台风"各项工作》，在台风来临之前，传达省领导有关防御台风"百里嘉""山竹"的批示和要求。早在9月10日下午，南方日报微信公众号就推送了有关台风的稿件《本周双台风将先后影响广东！这个"山竹"一点都不可爱！》，南方+客户端更是开设专题，及时收集相关信息。

[①] 原载传媒评论微信公众号，2018年9月21日。

抢在台风到来之前，权威的官方媒体及时传达预警信号，发布防风、防暴雨等灾害信息，营造全民防抗台风的强烈氛围，积极有效地调动各方力量参与其中。

作为当年登陆我国的最强台风，"山竹"这个水果名字，则让媒体的报道也多了一点"萌萌"的话风，甚至新华社等央媒，也加入了调侃"山竹"的行列。新华社微信公众号推送了《红色预警！台风"山竹"要来了》，乍一看标题规规矩矩，不过，当你点击进入，就会看到一个巨大的山竹出现在台风眼，让人忍俊不禁。新华网微博更是以《"山竹"来啦～收衣服咯～不对，是台风来啦，关好窗户、注意安全》为题，发布了这条"萌萌"的台风资讯。

官媒使用"萌"话风配合搞笑的网络图片虽然看似不太正经，不过从网友的评论及点击量不难看出，大家对此的接受度颇高。同时，在严肃的灾害天气报道中，在内容不失实的情况下，适当幽默一下，以活泼的话语方式来进行预警，反而有助于提高资讯的到达率，并且也有利于缓解民众的焦躁情绪。

除了转变话风之外，不少媒体把新闻报道和眼下最先进的科学技术进行了结合，更新了受众对资讯的认知。比如美国一家电视台尝试用AR技术播报新闻。女主持人播报着飓风可能带来强降水，随后画面开始改变，洪水袭来淹没了汽车、树木等参照物。这样的尝试，让受众能更直观了解强降水、强风天气带来的灾害，据此采取针对性的措施进行抵御，最大限度减少财物的损失；必要情况下，及时进行人员转移，更能避免伤亡的发生，资讯效果得以最大化体现。

组合联动，全方位报道动态引导舆论

台风呼啸袭来，焦急的群众最想知道的就是实时的动态。这时候，新

媒体的快速优势得以体现。在"山竹"登陆广东的报道中，南方报业传媒集团启动了报网端的联动配合，实现了立体化的报道。

点开南方+客户端的《防御强台风"山竹"》专题，在"现场直播"的页面下，共收录了33条直播信息，时间跨度从9月13日至18日。其中，台风登陆的当天即发布了10条直播信息，以视频内容为主，辅以图文直播。直播内容涵盖了台风现场的影像、广东省三防办气象局的权威解答、道路运输通行等方面，兼顾大局与民生，基本满足了受众对于信息的需求。

2018年9月16日上午，在"山竹"登陆前，《南方日报》头版头条刊发了省领导指示稿件《全省动员全神贯注全面防御 全力以赴确保人民群众生命安全》，以党报的权威性传达了党和政府对群众生命财产安全高度负责的态度，为抗灾救灾工作的开展营造了较好的舆论氛围。

灾害天气，情况复杂，难免产生谣言。2018年9月17日，台风"山竹"登陆的第二天，《南方日报》第10版头条刊发了辟谣稿件《大面积计划停电？大风掀翻飞机？——这些全都是谣言！》，及时权威发声，粉碎不实谣言，很好地发挥了主流媒体"澄清谬误、明辨是非"的主导作用。

现场直播、台风动向、领导指示、辟谣资讯等相对较碎片化的内容，根据其不同的特性选择相应的媒介进行刊发，打破了客户端、网站、报纸等多方传播壁垒，打通多方传播渠道，全方位立体覆盖受众，聚拢受众被分散的注意力，使得内容传播效果最大化。

及时总结，台风留下了什么要让受众看到

2018年9月18日，台风"山竹"过境后，途经之处一片狼藉，在做好次生灾害和救灾工作报道的同时，不少媒体开始挖掘防御台风过程中展现人性和大爱精神的故事，传递"台风无情人有情"的正能量。当天，

《南方日报》推出《致敬，风雨中最可爱的人》专版，以一个整版的篇幅赞扬了在防台抗灾、灾后清理中无私奉献的救援官兵、民警和保洁人员。

人民日报客户端同样对此次台风做了总结，并且运用了音频新闻的手段。9月17日晚，台风影响解除后，人民日报客户端迅速反应，发布了语音新闻《睡前聊一会儿｜"山竹"走了，留下了什么》，邀请特约嘉宾对本次"山竹"台风进行总结。内容不长，却十分全面，包括了台风的影响，台风中闪现的感人的声、影及台风带来的反思，正所谓"'山竹'来势汹，抗灾却从容。经验总结好，叫你下回怂"。

正如人民日报客户端总结的这一句"经验总结好，叫你下回怂"所言，每一次台风的来袭，除了是对媒体反应能力的大练兵之外，更是相关部门积累抗台经验的实战场。及时反思，及时总结有效经验，就是为下次台风来袭做好准备。

一些媒体在智库化转型的过程中，寻找防台抗台的方法论，也不失为一种有益的尝试。2018年7月24日，在台风"安比"离开上海后，《解放日报》第10版刊发《打造抵御台风的牢固"结界"》，尝试以理论形式将防台抗台与城市管理相结合，提出观点并联系实际进行论述，既有经验总结，亦有出谋划策，体现了媒体的智库功能。

20. 非虚构写作，为何被越来越多的读者青睐[①]

王卓尔 / 文

2019年春节前，一篇题为《一个出身寒门的状元之死》的文章火爆网络。该文章系咪蒙旗下微信公众号"才华有限青年"刊发，文章以一个女同学的视角，讲述了一位男同学的故事：他出生寒门，刻苦上进，高考以市状元的成绩考进985名校，最终却在24岁时去世……

文章打动千万读者。然而，从成为爆款之时起，网络上对此文真实性的质疑就铺天盖地。果然，在发布24小时后此文被删，微信公众号"才华有限青年"被禁言60天。咪蒙旗下团队辩称，该文章不是新闻报道，而是一篇非虚构写作，故事背景、核心事件是绝对真实的，只是细节上做了"模糊化处理"。

由此，日益火热的"非虚构写作"进入人们视野。人们不禁要问，非虚构写作为什么能够打动人？究竟什么才是真正的非虚构写作？非虚构写作和新闻报道的区别在哪里？

事实上，非虚构写作是一种介于新闻与文学之间的写作方式。文如其名，"非虚构"肯定不能虚构，在这一点上，它与强调真实性的新闻报道并无二致。

南方周末前特稿记者与非虚构写作者叶伟民强调，"非虚构写作肯定、一定、必须、只能遵守零妥协的'真实原则'，任何一个细节都不能虚构"[②]；近年来凭借《中国在梁庄》一书而声名鹊起的非虚构写作者梁鸿，

[①] 原载传媒评论微信公众号，2019年2月22日。

[②] 叶伟民：《"状元之死"也是非虚构？那可能是非虚构被黑得最惨的一次》，澎湃新闻，2019年1月31日，https://www.thepaper.cn/newsDetail_forward_2933607，2019年2月18日。

则将其定义为一种建立在基本事物之上的文学叙述。

非虚构写作与新闻报道之间，已有着多年的交集。它们以新闻特稿的形式出现在以《中国青年报》的《冰点周刊》和《南方周末》为代表的媒体上，被公认为是非虚构写作的一种形态。而当下着力于推进非虚构写作的平台，也大多来自媒体或是由媒体人创办的自媒体平台，如新京报的"剥洋葱 people"、界面新闻的"正午故事"、腾讯新闻的谷雨实验室、网易新闻的"人间 the livings"以及"真实故事计划"等。通过这些平台上的文章，我们可以拼凑出目前中国非虚构写作的大致模样。相比传统的新闻报道，非虚构写作正以其更耐人寻味的叙述方式，吸引着越来越多的受众。

随着包括《人民日报》《浙江日报》等在内的不少传统党报在转型过程中将深度报道作为突破方向，深度调查、特稿式的新闻体裁也重回读者视野。在这样的背景下，去了解当下的中国非虚构写作，对新闻人来说，或许也可以带来一些启迪。

写谁？他们是故事的主角，未必是新闻的中心

从近年来的非虚构写作实践来看，非虚构写作者重视宏大叙事下被忽略的一些边缘题材，喜欢写作主流媒体忽视的焦点。

腾讯谷雨实验室作为致力于支持中国非虚构作品创作与传播的非营利项目，主要资助非虚构写作、独立纪录片、纪实摄影及深度报道。谷雨实验室发布的作品，善于另辟蹊径，钩沉视野之外的平凡故事和别样人生；它聚焦的人物，常常是故事的主角，却未必是新闻的中心。这些人容易被习惯于快节奏报道的媒体所忽略，却在非虚构写作平台被发现、被描写。

在杜嘉班纳那场被称作"The Great Show"的时装秀快过了舆论风暴眼时，习惯热闹的看客早已收起"战斗力"奔赴下一场激战，而与事件

最直接相关的人却只能冷冷地坐在会场内，看那一地衣裘被人遗落。谷雨实验室的报道《那些被称为"商品"的中国模特》将目光对准了本将参加这场大秀的中国模特们。虽靠"老天爷赏饭吃"，但是吃多少饭全凭模特经纪公司和时尚品牌说了算，明明很受品牌方喜爱，有时候却莫名其妙被拒绝。人们看到的都是他们的亮丽、光鲜，而背后的焦虑和不安却鲜被提及。在这样一个特殊的时刻，趁着杜嘉班纳事件的一点余热，这样一篇文章给了我们对于不同行业从业人员更多的认知和理解。

还有那些曾被卷入事件漩涡的人们，被新闻淡忘后，他们过得怎样？回访式报道往往对事件有新的发现，也能更深入地探查事件的影响。

2017年11月18日，北京大兴西红门镇新建村的一座老旧公寓内因电气线路故障燃起大火。《他们的2018：在失过火的人生里追寻光》这篇报道在大火发生一年后，重新审视了那时被迫搬家、搬离隔断"危房"的人们。外卖小哥手机里的地址消失了，学生的毕业证书不见了，二手家具市场遇上好光景……一场大火改变了很多人的生活轨迹，也烧毁了很多"北漂"对这座城市仅存的希望。搬到廊坊的会计，不得已回老家、又不得已回北京的记者，已奋斗20多年却不得不白手起家的服装店老板……太多的命运轨迹因此而交汇，最终再被时间冲散。夹叙夹议的文字叙述加上琐碎的细节，带读者穿越了时空，让读者感同身受，直面大城市绚丽霓虹下普通打工者逼仄的生活空间和无奈的人生选择。

写什么？借小人物的故事投射时代话题

围绕具体问题，非虚构作品往往可以举重若轻，将宏大的时代意义投射在芸芸众生上，使读者见微知著，从故事中找寻主旋律的印记。

"他们习惯了用身体与大地进行能量交换，历经荣枯，最后像玉米秆一样矗立。"《新京报》的《他们像被压弯腰的向日葵一样老去》将视线投向甘肃定西白碌乡等"老天爷不赏饭吃"的落后地区。一个没有年轻人的村落，贫瘠的土地、有限的劳力，老人跪在地上钩草，希望杂草不要来争夺养分。但文章并不只是为了展现村民困难的生活：子女不愿回乡，没有低保的老人无人赡养，开办学校17年的老教师在八十大寿那天只能吃酸菜……这些令人胸口发紧的现状背后，总是一道道具体又难解的题。文章将现实的苍凉暴露在时代舆论场中，让人们有更多的思考和关注，推动底层的变革。

可能就是太普通了，一点也不起眼。但那不就是生活吗？文字跳跃着，立于细微处，站在潮头上，描绘一个人物，讲好一个故事，反映一段历史，替普通人打开一面被世人所见的窗口。

网易新闻的"人间the livings"非虚构写作平台以10年为间隔，将人们的记忆拨回1978、1988、1998和2008年，以人物为主线，推出具有代表性的年代纪实。其中，《关军：2008年，她说死也要回家》记录了11年前的春天，广州火车站那20万人的人潮涌动中一个弱小女子的故事。主角赵宝琴家在甘肃，为了供女儿上大学外出打工。由于归乡心切，迫于人流管制，她和老乡打算从火车站广场前的高架桥上跳进火车站。但可惜的是，她没能跳过去。为了回家，她摔成骨折，摔成昏迷。这似乎是一个不起眼的故事，她也只不过是中国众多苦命女人当中的一个罢了。但文章将以赵宝琴为代表的打工者被突如其来的医疗难题所压垮的处境简练干脆地描述出来，其中对于人物心理状态的刻画和细节的把握，使读者可以轻松地进入当时的场景，感受春运大潮中人们当下的苦楚。

《新京报》的"剥洋葱people"专注于有深度、有温度的人物报道。《被偷走的31年》中，一切事件似乎都与时间有关。父亲是一名钟表匠，31年前在客运站摆摊时不慎丢了儿子。31年来，他到处寻子，被骗过被坑过，但从来不曾放弃过；31年来，他守在失子之地，希望可以等到儿子回来。这完全像是另一幕《亲爱的》。所幸，由于记者的报道和热心人的帮助，一家三口最终团圆。正如父亲所相信的那样，"时光可以偷走儿子，损蚀容颜，变换口音，改变酸甜苦辣的嗜好，但改变不了至亲血缘"，仅仅是见一面，老夫妇就已满足。而作为儿子来说，面对亲生父母和养父母，内心情感泛化出的多重涟漪，都落于对记者说的那句"此事就此打住，往事不会再提"中，爱恨矛盾浮于纸上。这既让读者真切地感受到了这种复杂的心情，又再一次引起民众对拐卖儿童现象的关注。

怎么写？"非虚构"不只是换种方式讲述

非虚构写作近年来火爆网络，受到读者欢迎，一方面是因为它的写实性，它的题材都是来自生活中的真实故事，另一方面则是因为它吸引人的写作方式。

非虚构写作与新闻写作有很大的不同。新闻写作讲究客观，在记者笔下，记者只是一个冷静的观察者，没有过多煽情，没有过多观点，更多是引导读者去得出结论。但非虚构写作注重作者亲身的"介入"，很多时候都是以第一人称的形式落笔，在写作中的情感方面带有明显的个人色彩，颇有"新新闻主义"的色彩，这是非虚构写作的魅力，却是新闻报道的禁忌。

此外，新闻写作极少运用对话，绝大多数时候是以第三人称的叙述方式直来直去。故事性较强的新闻也只是偶尔少量运用对话。非虚构写作与文学作品一样，大量将对话、细节、场景等方面的描写融入传统的新闻写作手法中，使新闻报道有了更加丰富的写作方式。

与笔下人物共呼吸，比读者先沉入故事中，是非虚构作品对作者要求很高的地方。陕西师范大学国际非虚构写作研究中心主任刘蒙之认为，非虚构写作不能闭门造车，优秀的非虚构作品需要写作者付出巨大的时间和精力，去精心观察、体会每一个细节和时刻①。这就要求作者有如同小说家般的上帝视角，不再是笼统地介绍发生了什么，而是对写作素材有更多的把控力，对事件有精准"切片"，能够决定哪些素材可以最大程度地反映出主题。

这些素材中，最打动人的就是细节。普通人的生活哪有那么多高光时刻，借助观察和采访，通过挖掘人物的日常轨迹，大量铺陈细节，完整呈现对话，还原真实场景，非虚构作品使文章具备和文学作品一样的可读性。

《城管强拆考古队：扬州"古今之争"三十年》一文，就是典型的非虚构写作。在扬州一块有争议的土地上，考古工作人员王东杰和秦松为了争取保住属于国家级考古遗址的桑树脚村，与执法的城管发生肢体冲突。文中用扬州文物考古研究所张俊涛的回忆来描写当时的场景。一方面是张俊涛的讲述，另一方面是作者通过其描述还原事发现场。两种场景在一段文字中自由切换，既有细节描写，又有客观事实，让读者一下子就能从张俊涛的视角感受到文章开头王东杰的那种愤懑。

此外，自述和访谈也是重要的表现手法，可以在文字层面最大程度保留人物的精神张力，还原事实真相。在《见证历史的女摄影家侯波生前口述：一切来之不易》一文中，通篇引用中国摄影家侯波的自述，简要回顾了她的年少经历以及为国家领袖拍照的种种轶事。虽然语言朴实直白，缺少华丽辞藻，但贵在真实。2018年12月，甘肃庆阳一小学一年级女生被同班同学伤害。随后，校长和副校长被教育局免职。但对于事件原委，女孩家长和班主任各执一词，无法找到更多佐证。《新京报》的《庆阳女童遭霸凌事件：女教师与家长说法陷入罗生门》索性将记者与女孩班主任的

---

① 石灿、赵思强：《〈一个出身寒门的状元之死〉真是非虚构写作？》，刺猬公社网易号，2019年1月31日，https://m.163.com/dy/article/E6RAB10I051282JL.html，2019年2月18日。

对话原文曝光，让读者自己判断事件与老师丢失的口红是否有关。

文字是一种安静的力量，影像则赋予其更多维度。广义地去看，腾讯新闻的《十三邀》，《新京报》和腾讯新闻合作的视频新闻项目"我们视频"的《局面》都可以被看作是非虚构写作以影像方式的呈现。所谓的"非虚构写作"也并没有一个明确的框框去界定，很多媒体上的报道，尤其是特稿，虽没有冠以"非虚构"之名，却依然可以被视为这样一种形态。同样地，对于这样的特稿，附加影像，也能够让故事的叙事更加丰满立体。《人民日报》也正在这方面发力。在报纸端，用户一扫二维码，便可进入"人民视频"网站，见到故事中的人物和他的故事。比如《一双手与100万棵树》中，报纸刊登的文章为读者具体地描绘了伊春林业工人张英善的双手，但在视频中，我们看到了老张忙碌不停的背影，听到他那朴实的话语，让人再次对这双手和这份事业充满敬意。

21. 用耳朵"阅读"的新闻，他们都是怎么做的 ①

王晓婕 / 文

2018 年 3 月 21 日世界睡眠日当天，蜻蜓 FM 联合艾瑞咨询发布了《2018 年中国睡前音频收听场景研究报告》②。报告显示，在 2018 年中国网民夜间娱乐排行榜中，看新闻排在首位，58.3% 的人会选择看新闻，来弥补一天错过的"国事家事天下事"；排在第四位的是听音频，选择它的人大约有 45.7%。在这一排行榜中，看新闻和听音频都是"单看"或"单听"的活动。但对于主流媒体来说，将两者相结合，便产生了自己的优势。碎片化阅读时代，让用户更为轻松方便的"耳朵阅读"也来了。

媒体圈地播客市场，"夜读""早报"各有特点

互联网赋予了音频栏目另一种可能，也给了新闻新的机会。每个夜晚，为读者讲一个"故事"，或许比一张信息量满满的报纸更能传达媒体的思考。人民日报、新华社、央视新闻等央媒微信公众号都有夜间音频栏目，诸如"夜谈""夜读"等，每晚 10 时左右推送信息。省市级媒体过去较少推出这类栏目，但自 2018 年上半年起，这种情况有所改变。山西日报 4 月在微信公众号推出了音频栏目《听说》，不定期邀请当地名人在晚间朗诵散文，并且配上散文介绍。厦门日报微信公众号也于 4 月 21 日起推出了《夜读》音频栏目，每周定期推送《闽南夜话》《诗歌之夜》《英文朗读》等栏目，用多元化的内容，满足听众多样化需求。

---

① 原载传媒评论微信公众号，2018年8月14日。
② 艾瑞咨询：《2018年中国睡前音频收听场景研究报告》，艾瑞网，2018年3月20日，https://report.iresearch.cn/report_pdf.aspx?id=3183，2018年8月13日。

除了推出夜间音频栏目外，不少媒体还在音频主题上下功夫，结合当下热点推出相关策划。河南日报微信公众号从 2017 年开始推出《夜读》栏目，主要为读者提供散文赏析，2018 年这一栏目升级成了新闻类音频栏目，并围绕推出的重大主题报道分系列推出相关音频节目。此前河南日报客户端推出新闻纪实评书《改革开放 40 年之晓妍开讲》，河南日报微信公众号《夜读》栏目 7 月 6 日起及时跟进，推送音频版评书。江西日报微信公众号的音频栏目《夜读》也策划了《传承优良家风 培育家国情怀》《诵读红色家书 感受信仰力量》系列节目。时刻新闻客户端则推出《夜读》专题，每日都有 100—600 条评论互动，可见《夜读》音频栏目的受欢迎程度。

夜间音频栏目多为单一主题，以讲故事的方式向用户娓娓道来，而早间音频节目往往是聚合类内容，具有更强的新闻性，给用户读一盘上班路上的"新闻大餐"。人民日报、新华社、经济日报、中国新闻网等央媒微信公众号都有早间音频栏目，将昨夜今晨的重点新闻进行整合，并配上音频呈现给读者。在此基础上，中央广播电视总台央广网与中国交通广播联合策划了全新音频新闻栏目《嗨，七点出发！》，该栏目融合音视频、图文等多种元素，通过央广新闻微信公众号送达，力争在每日清晨为受众送上一份新鲜、活泼、正能量满满的资讯"早点"；人民日报客户端则推出双语音频栏目《新闻 E 闻》，每天固定以英文形式解说当天新闻，用户还可以下载并且浏览文字版。财经类媒体财新客户端也推出了早间音频栏目《张鸿早点说》，由财新视频总编辑张鸿每日带来财经消息，让上班路上的读者第一时间获得财经新闻。

主题选择不拘一格，音频类产品遍地开花

2017 年，音频类产品在重大主题报道方面也有较多运用，如浙江共产党员杂志社策划推出《我在之江读"新语"》音频栏目。栏目邀请部分党代表、全国劳动模范、优秀党员代表等朗读《之江新语》相关篇章，借助多媒体传播形式，在全省掀起了学习《之江新语》的热潮。

2018年，大多数媒体显然更加注重音频产品的分量，也推出了不少高质量的好产品，无论是在重大主题报道中，还是在日常报道中，音频都变得越来越常见了。

为纪念马克思诞辰200周年，光明网策划了通俗理论音频节目《听见马克思》，邀请中共中央党校（国家行政学院）、中国社会科学院、中国人民大学、复旦大学、山东大学等机构的专家学者讲述伟人故事；在全国两会期间，光明网、央广新闻、辽宁日报等媒体都在各自的客户端或微信公众号推出了系列音频栏目，包括《两会"娜"么说》《光小明的两会文化茶座》《正午微播·省两会特辑》等。

除了这些重大主题报道，不少省级媒体还将音频报道方式运用在了当地重大会议或活动的服务性报道中。为更好地向广大读者提供优质出版物导读、荐读服务，在第八届江苏书展启幕前夕，江苏省全民阅读办联合江苏广播、荔枝新闻客户端共同推出《2018·12本好书主播读》系列音频专题节目，用户可以像翻阅有声书一样，进行阅读。津云客户端则在第二届世界智能大会期间推出了音频栏目《二伯回来了》，通过3分钟左右时长，介绍世界智能大会亮点内容，并在暑期推出音频节目《冯玥姐姐讲故宫小怪兽》，为用户科普知识。这类从服务角度出发的产品，往往也更具"收藏"价值，用户反复收听的比例很高。

无论是在重大主题报道上，还是在日常报道中，如今的主流媒体以声音为触点，以新闻精品化为出发点谋篇布局。在信息爆炸和碎片化传播大行其道的背景之下，这类产品也确实给用户带来更大的收听自由，可以随时选择合适的时间进行收听。

呈现方式不断创新，音频成融媒体产品特色元素

湖南卫视推出的真人秀节目《声临其境》自开播以来便成为收视黑马，口碑爆表。这个主打声音的节目也让用户越来越注意到声音的魅力，以及"声音社交"带来的情感共鸣。

纵观新媒体产品的发展可以发现，对于媒体来说，不少新闻产品已不仅仅是以音频方式单一呈现，而是将音频融入更复杂的产品中，让报道形式更加多元。

央广网在两会期间推出《CNR 声漫》栏目，用"真实人物图像+动态漫画背景+新闻声音"的形式，展现两会期间的内容解读，此后在博鳌亚洲论坛、海南建省办经济特区 30 周年等重大事件上，该栏目均推出过相关音频报道。光明网则在全国两会期间推出 H5 作品《"部长通道"来袭！听声音 猜部长 看关切》，根据"部长通道"上的采访内容制作答题类 H5，用户在听完一段音频后，可以参与其中，猜清听到的是哪一位部长的声音，并且查看该部长的主要观点。在回顾 2017 年时，四川观察客户端则推出了 H5 新闻作品《你与 2017，只差一声告别》，通过动漫、音频、视频等多种元素，让整个 H5 情感饱满，既有对去年的回顾，也有对新一年的向往。通过对声音的再创造，产品不仅可向用户传达声音本身的力量，更增加了新闻作品或产品的亲切感和代入感，也使新闻传播更有趣味性。

此外，不少音频作品采用更为接地气的方言来进行播报。如津云客户端"200 工作室"推出的改革开放 40 周年音频特别节目《改革开放四十年，一声吆喝话变迁》，通过相声形式，说着天津方言的主持人从身边小事以及自身感受讲述 40 年的变化。人民网上海频道则推出《改革开放 40 年新启航——阿拉看环境》栏目，该栏目以一周一故事的形式，反映 40 年来上海市容环境的变化，不仅有图文资料，还用原汁原味的上海话来对

每一期故事进行诵读,通过"声音"进行情感交流,让老百姓看得懂、听得明白。

体现音频节目价值的核心依然是内容。虽然喜马拉雅 FM、懒人听书、蜻蜓 FM、荔枝 FM 等专业音频分享平台垄断了大半个音频市场,但主流媒体也有自身优势,可以突出专业化的特点。主流媒体直接面向用户打造更为垂直的内容传播报道,建立一批有针对性、符合传播规律的品牌栏目,以更柔软的姿态形成传播效应,扩大音频栏目的影响力。

22. 今天"聊"点啥新闻[①]

王卓尔 / 文

继2016年9月，商业媒体石英（Quartz）推出同名"对话型"新闻客户端后，2017年，中国之声和央广传媒联合孵化出一枚叫"下文"的同类型新闻客户端。下文创始人提到，打造下文是受新闻类应用石英的启发，虽然下文客户端刚开始和它走的是同一条路，但下文还是有自己的创新功能的[②]。

确实，下文和石英的"原生态"样式就大不一样。石英客户端并非其主业，它有自己专业的网站，应用中的很多消息来源于此，然后才是其他各大媒体，以时政类新闻为主。其成立的初衷就是为了更好地为读者推送新闻。而下文除了推送其他媒体的社会热点新闻，还有一些周边内容，比如"闪聊麻辣烫"，摘取网友热评进行观点搜集；"绘画一刻"，推送画家的绘画视频让读者欣赏。

"嗨，让我来给你好看！"

"对话型"新闻客户端靠什么来吸引读者呢？当然，仅有形式上的创新是不够的，而且不是所有用户都会接受"聊天"看新闻这种形式。在中国的互联网用户中，有大约30%的用户为20至29岁之间的年轻人[③]，能否获得这部分用户的"芳心"在新闻客户端的争夺战中尤为重要。在聊

[①] 原载传媒评论微信公众号，2018年9月17日，原题《聊天新闻App"下文"怎么聊新闻》。
[②] 陈浩洲：《中央人民广播电台的"下文"是什么？》，观媒智库微信公众号，2017年7月12日，https://mp.weixin.qq.com/s/yDE4Dx_aSgeK04nESgJ8PQ，2018年9月14日。
[③] 中国互联网络信息中心：《第41次〈中国互联网络发展状况统计报告〉》，中国网信网，2018年1月31日，http://www.cac.gov.cn/2018-01/31/c_1122347026.htm，2018年9月14日。

天推送中，后台的编辑会不时地用音频、视频、动图、表情等形式将下文客户端塑造成活泼、轻松的形象，拉近与用户的距离。而石英虽然通常表现出一副商业精英的派头，问声好以后就开始推送新闻，但是也会时不时出一些有意思的表情包，把用户逗乐。

除了多媒体的运用，绘文字（emoji）也成了聊天机器人的"常规操作"。作为对文字的补充，下文客户端的新闻内容中经常会出现诸如"👽""👀""✓"等表情，而且选择继续阅读的按钮也基本被绘文字占领。石英为了保证可读性，只在非新闻类资讯中才加入绘文字，且非常克制。

由于两者都有类似"钉住"新闻的设计，也就是用户不发送指令或者没看完本条新闻的时候，后台不会继续推送新的内容，这就有可能导致其新闻的时效性被"打折扣"。石英的执行主编扎克·西沃德（Zach Seward）也认为，石英不是做时效新闻的最佳方式，他们只是希望能将信息提供和娱乐读者两方面结合起来[①]。

下文显然也更注重在新闻的深度和报道角度上下功夫。比如，在乐清"滴滴顺风车司机杀人案"的相关报道中，除了聚合其他媒体发布的案情信息，下文还引用多方言论，挖掘出滴滴顺风车背后的产品逻辑、内部管理问题，以及司机个人信用等级低却依然可以营运等反映行业弊病的话题。

有时用户会因为"手残"而误触了"下一条"，致使正在阅读的新闻戛然而止，看不到后续。下文为了让用户不错过想看的内容，设置了聊天助手，用户输入关键词，就能获得相关信息或新闻。但是，聊天助手的功能还停留在初级阶段，用户只能当简单的搜索工具来使用，并且有时聊天

[①] 徐弢：《那个像聊天一样的新闻应用Quartz，原来是这样做出来的》，小鸟与好奇心微信公众号，2017年11月20日，https://mp.weixin.qq.com/s/nauoZZfeNz1OHkz-atr2Ow，2018年9月14日。

助手甚至会对关键词"视若无睹",毫无反应。

下文客户端聊天界面截图

"今天的新闻就到这里吧!"

与传统的新闻客户端不同,这两款新闻机器人产品都会严格控制新闻的数量。下文客户端团队认为,在现实生活中,用户每天能接收的资讯量有限,需要编辑筛选更有价值的信息,避免信息过载①。大约在刷了25条左右的新闻后,下文就会提示用户"新闻就暂时聊到这儿,休息会儿回来再看,也许就有新内容"。石英则鼓励用户不要花过多时间在被动接受

---

① 梁伟:《"聊"出来的新闻:国内首款"聊天新闻"App运作解密——夹广下文客户端的探索和实践》,《中国记者》2018年第3期,第21—23页。

讯息这件事情上，在大约 10 条新闻后就建议用户"休息一下，一会儿再看"。即使过段时间再刷，也只有一条新闻，或者发一则小测验，让用户"轻松一刻"。从推送新闻的数量上看，虽然两者均想脱离传统媒体客户端海量信息的模式，但下文显然还想通过一定的信息量来增加用户黏度，"只要你想看，总有想看的"。

另一种新闻推送的方式就是消息通知，即将新闻概要以弹窗形式发送至用户的移动设备。以邮件订阅业务见长的石英在这方面有着自己鲜明的特色。它提供"重大新闻""重要、有趣的新闻""有更新的新闻"以及"Quartz 指数"等通知按钮，"如无必要，绝不打扰"俨然成为其通知的宗旨。

"我还有很多有意思的地方哦！"

为了避免尬聊，两个客户端都使出了"十八般武艺"。早在 2017 年 9 月，下文客户端还上线过"上文"功能，为读者提供一天内未读完的消息，不过，该功能已经在 2018 年 3 月下线。"组织"功能则利用群组把用户网罗起来，用聊天室的形式拉近团队和用户之间的距离，方便收集用户的反馈信息，以作出即时回复或作为产品迭代的依据。"日历"功能则可从历史事件中挑选有代表性的一条，通过点击下方问号，跳转到"那年今日有下文"的聊天页，详细了解新闻事件。

相比下文，石英的"新闻+"策略则要简单明朗得多：配备一个有 AR 技术加持的物品"拓展包"。这得益于苹果在 iOS 11 操作系统中添加了 AR 组件。在物品的选择上，石英的团队更偏向于科技感十足的新闻"主角"。比如，在浏览卡西尼号太空探测器完成"最后一跃"坠入土星的报道时，用户可以将其虚拟模型置于任何地方，旋转、拖拽、调整大小，并对其进行拍照留念。除了卡西尼号，还有太空探索技术公司

（SpaceX）猎鹰火箭、月球车，以及罗塞塔、柏林墙等具有历史意义的物品。"对读者来说，AR 给了他们一种体验新闻的全新方式。"石英的产品经理约翰·基夫（John Keefe）在谈到为什么要开发 AR 模块时如是说①。但他们并不指望用户花很多时间在这项功能上，只是将其视为一道"甜点"，而非新闻内容中的"硬菜"。

"我还可以变得更好！"

很多用户都用"有趣"来描述新闻聊天机器人。确实，聊天说新闻比自己看新闻轻松多了。但是，这两种新闻分发形式并无本质区别，都是人为地将特定内容编辑好后推送至用户。在用户看来，聊天机器人或许就是一个"话痨"，只说自己感兴趣的，最多也就问问用户想不想听而已，这就提高了用户在筛选自己感兴趣的新闻上的时间成本。传统模式下，用户只要根据频道或标题就能决定是否要点击某条新闻，而在聊天型客户端中，用户得看完一大段文字才能决定是继续看下去还是赶快跳到下一条。有用户在评价中写道，"刷了 5 分钟也没遇到我喜欢的新闻"。

从目前来看，由于形式的局限，"对话型"新闻客户端或许还只能迎合一小部分用户的需求，想要改变人们的新闻阅读习惯也并非一朝一夕之事。但可以肯定的是，它绝不只是流于形式，用户跟聊天机器人的"沟通"，是一个不断收获未知的过程。在新闻内容和多媒体形态的相互作用下，用户加深了对所接受到信息的印象，这可能是传统模式在现阶段给予不了的。在新闻信息"大爆炸"的时代，下文和石英显然给读者奉上了一道清新可口、恬淡舒爽的"轻食"。

---

① Stephanie Chan, "Quartz adds augmented reality models to its new reports," VentureBeat, https://venturebeat.com/mobile/quartz-adds-augmented-reality-models-to-its-news-reports/,2018-9-14.

23. 当 Vlog 遇上新闻，会给报道形态带来怎样的改变 [1]

董立林 / 文

媒体融合时代，人在哪里，新闻舆论宣传的阵地就在哪里。为了适应新时代的新需求，越来越多的传统媒体记者，开始举起手机，拍视频、做直播，动画、VR、AR、AI 等各式各样的最新、最潮的新媒体技术也陆续被运用到了新闻报道中。

2019 年第一季度，最火的新媒体新闻形态非 Vlog（视频博客）莫属。3 月，从全国两会到博鳌亚洲论坛，Vlog 在主流媒体的报道中井喷式出现。这种视频形态，进入中国时间较短，又被迅速地运用到了新闻领域。当 Vlog 遇上新闻，会给新闻报道带来怎样的改变呢？

主流媒体抢滩 Vlog，会议报道成为主阵地

Vlog 的全称是"Video blog"，可以译作视频博客或视频日志，顾名思义就是博客的视频版——Vlogger（视频博客创作者）以视频的方式来记录生活，并在后期通过剪辑、配乐等，完成 Vlog 制作，它的时长通常在 1 至 10 分钟之间，就像一部小型的纪录片。YouTube[2] 对 Vlog 的定义则更加简单直接：它就是一种个人创作的视频类型，最大特征是有人对着镜头说话。

2012 年，YouTube 上出现了第一条 Vlog，并逐渐在年轻人中走红，2017 年左右，Vlog "漂洋过海"来到中国，并在 2018 年吸引了包括微

---

[1] 原载传媒评论微信公众号，2019年4月9日。

[2] YouTube：注册于美国的视频社交网站，国内网民也称其为"油管"。用户可以在平台上看世界各地的用户发的视频，还可以自己制作一些视频随时分享。

博、抖音、今日头条等不少"头部平台"的关注和布局。

嗅觉敏锐的主流媒体，显然也察觉到了 Vlog 的网红潜质，从 2017 年开始就有媒体尝试将 Vlog 运用到新闻报道中，这个吃螃蟹者就是中国国际电视台（简称 CGTN）。

2018 年 4 月，博鳌亚洲论坛 2018 年年会举行，中国国际电视台首次推出记者视角的系列 Vlog——《CGTN 博鳌行 Vlog》，让用户通过记者们的采访日常，了解会场内外。在此后的中非合作论坛、APEC 会议等重要会议的报道中，中国国际电视台也都运用了这种全新的报道形态。

中国国际电视台《CGTN 博鳌行 Vlog：亲和力观察力幽默感集于一身的田薇忙忙忙》截图

如果说中国国际电视台的尝试只是试水，那么到了 2019 年，Vlog 俨然成为主流媒体的重点发力方向。

2019 年全国两会期间，以记者作为第一视角的 Vlog 式报道大量涌现。比如，央视网推出《我的上会 Vlog》系列视频，中国网、环球网分别推出《两会 Vlog》同名策划，除了央媒，地方媒体也纷纷在 Vlog 领域大展拳脚，江苏广电"荔枝新闻"推出的《两会 Vlog》、广州新闻电台 FM962 推出的《我在跑两会 Vlog》等系列视频产品各有特色，可圈可点。

央视网《我的上会 Vlog》截图

3月底的博鳌亚洲论坛 2019 年年会，也成了各路新闻 Vlogger 们的竞技场。三沙卫视的《Vlog# 不一样看博鳌 #》关注博鳌论坛会场焦点，每期开头都会有一段酷炫的特效剪辑，颇具可看性；人民网海南频道的《博鳌 Vlog》独辟蹊径，将目光对准场外，带用户了解博鳌的风光、美食、免税店；南海网的《遇见博鳌 Vlog》同时关注会场内外的大事小事；英文新闻周刊《北京周报》则用 4 种语言推出了 4 期 Vlog，足见策划之用心⋯⋯

人民网海南频道《博鳌 Vlog》截图

从新闻类 Vlog 的报道领域来看，重大会议报道仍是主阵地。确实，要做好会议报道，其精髓就是要带给用户身临其境般的沉浸式体验。很多媒体将 VR、AR 等技术运用到会议报道中，正是为了给用户带来这样的体验，而 Vlog 通过第一人称的视角去拍摄、去讲述、去体验，也能够给用户制造出一种"在场"感。并且，相比 VR、AR 等技术带来的"在场"感，Vlog 在"亲和力"方面更胜一筹，它的表达方式更能拉近新闻与用户之间的距离，因此也就自然而然地成了融媒体会议报道中的"最佳选择"之一。央视网在 2018 年全国两会期间还尝试将 VR 技术与 Vlog 相结合，推出了《VR Vlog｜一分钟速览全国政协新闻发布会现场》，也吸引了不少目光。

除了会议报道，其他强调体验的报道主题，也可以成为主流媒体尝试 Vlog 的"试验田"。例如，南方日报在新媒体端就运用了 Vlog 的形式，推出"绿动大湾区"系列 Vlog，借助第一视角的拍摄，带用户打卡广东绿道，制造身临其境之感。

聚焦台前也关注幕后，人格化表达拉近用户

人民视频在全国两会期间推出的《两会夜归人 Vlog》产品取得了相当不错的传播效果。对此，人民视频有导演称："Vlog 由日常生活记录走入新闻报道，第一人称视角、第二人称交流灵活切换，转换报道角度，打破了传统新闻报道的单向传播性，不仅将目光聚焦于报道现场，同时也关注报道背后的故事，助推了全媒体时代'全程媒体、全息媒体、全员媒体、全效媒体'格局的建成。"[①]

与其他视频新闻产品相比，Vlog 确实向用户展示了更多报道背后的

---

① 李雪昆：《新语态下，新实践带来新变化》，中国新闻出版广电报网，2019年4月2日，https://www.chinaxwcb.com/2019/04/02/99393023.html，2019年4月9日。

故事，甚至是记者工作的日常。这种"花絮"类的内容，在传统的新闻报道尤其是重大主题报道中显然是"非主流"，但在新媒体语境下，却借助Vlog的形式，成了抓住用户特别是年轻用户的利器。

2018年的全国两会报道中，中国日报推出的系列Vlog《小姐姐的两会初体验》是一组"叫好又叫座"的爆款。视频的主角是初次参加两会报道的记者，从这位小姐姐如何选择参加两会报道的服装，到两会现场的"追人"攻略，再到这组Vlog的幕后策划团队，都可以成为视频内容[1]。就像很多西方报纸常常会定期组织读者走进编辑部一样，通过Vlog向用户展示新闻报道背后的点滴，也一样有助于提升用户的黏性。

当然，这其中有一点不能忽略，那就是人格化的表达。

人格化表达是Vlog的一个核心要素。和博客一样，Vlog也是一种日志，体现的是Vlogger的所见所闻、所思所想所感，带有非常强烈的人格属性。即使是为新闻主题而制作的Vlog，也不能忽视视频主人公的人格化表达，否则就和一个普通的记者出镜播报视频无异了。

《小姐姐的两会初体验》之所以成功，很重要的一个因素，就是强化了Vlogger小姐姐鲜活的个人特点。作为一个初次参加两会报道的记者，小姐姐对服装的纠结、采访前的紧张、采访时遭遇拒绝的无奈，还有采访结束后的感慨，都让用户感同身受。用户在视频中看到的，不仅仅是新闻信息，更有一个真实的"人"（Vlogger）和她的真实感受。而视频在剪辑过程中加入的贴图、动画等互联网化的元素，也有助于加强这种人格化表达，拉近与年轻用户之间的距离，提升用户对视频的好感度。

同样是在全国两会报道中，南方都市报在新媒体端推出的《南都记者

---

[1] 王浩等：《那些表面看起来毫不费力的人，他们背后到底有多努力啊！》，中国日报微信公众号，2019年3月5日，https://mp.weixin.qq.com/s/kLYfVUDHhsFcBYs0i-IrDQ，2019年4月5日。

两会 Vlog》也是在人格化表达方面做得较好的范例。视频在后期剪辑中，以特效字幕、贴图等略带夸张的方式，将记者心里的"六九九"外放出来，相比传统的视频新闻，这样的 Vlog 无疑更容易获得用户的亲近感。

中国网络视频研究中心的官方微信平台知著网认为，在两会报道的语境下，人格化表达有利于实现概念化传播向情感共振的转变[①]。

这种人格化表达，说来轻巧，但在实际的拍摄制作过程中，不少主流媒体推出的 Vlog 产品，仍然很难彻底摆脱传统新闻播报的影子。找到新闻报道与人格化表达之间的平衡点，可以说是主流媒体探索 Vlog 报道的关键点。

主角也可以不是记者，新闻 Vlog 还有更多可能

目前，主流媒体推出的 Vlog 报道，主角或者说视频叙述者大多是参与采访的记者。这当然更符合 Vlog 本身的定义。但事实上，应用到新闻报道中的 Vlog，也可以是一种"虚拟"的设定，这样一来，以第一人称出镜的叙述者就可以跳出记者的框框，Vlog 的应用场景也会更加多元。

比如，《新民晚报》就尝试将 Vlog 用到了人物报道中，以采访对象的第一人称，来讲述视频故事。

在上海杨浦区宁国里，74 岁的"老爷叔"仲根生是街坊公认的"大管家"，在他的带动下，居委会专门成立了一支弄堂义务服务队，名字就叫"仲根生党员志愿者团队"。《新民晚报》旗下视频平台"上海时刻"由此推出了一条 Vlog《Vlog丨宁国里"大管家"的一天》，仲根生以第一人称的方式在视频中出场，把自己作为社区志愿者的一天展现在了用户眼前。视频选取上午 7:00、下午 3:30 两个关键时间，让用户跟着镜头，

---

① 锦李儿：《VLOG+两会+可爱=？》，知著网微信公众号，2019年3月19日，https://mp.weixin.qq.com/s/TsTsNQE-8-Qk0F6UJTrJdg，2019年4月9日。

与仲根生一同在 20 多条弄堂里穿梭，扫垃圾、通阴沟、除黑标、看望孤老，现场感十足。

值得一提的是，这条 Vlog 并非一条孤立的视频，它被穿插在新民网的图文报道中，与图文内容相辅相成。这样的处理也弥补了 Vlog 相对来说更强调细节，而缺乏概述性内容的问题，让报道变得更加立体丰满。

全国两会期间，成都晚报推出的一组 Vlog，也没有选择像大多数媒体一样，让记者来讲述会场内外的故事，而是将镜头对准了在成都的外国人，推出了《歪果仁在成都 Vlog》系列视频，通过一群"歪果仁"讲述自己在成都的工作、生活，带用户了解一个他人视角下的成都。

如果说新民晚报和成都晚报推出的 Vlog，更大层面上体现的是两家媒体深厚的策划功力，那么人民视频在全国两会期间"寻找两会夜归人"活动，才是真的把 Vlog 玩大了。

人民网人民视频、人民网移动中心联合腾讯新闻、微博、微视 App、哔哩哔哩等平台，面向全国征集与 2019 年全国两会相关的 Vlog 短视频。活动还通过所上传的 Vlog 寻找暖心故事与典型个人，邀请优秀创作者走进人民网一号演播厅，和大家一起聊两会故事。

据人民视频透露，这一活动联动政务机构 600 余家、党媒平台 100 余家，覆盖人群 1.8 亿余人。确实，前文提到的不少 Vlog 案例，也都参加了人民视频的这一活动。可以说，两会期间的 Vlog 风潮，有人民视频的一半功劳。

"寻找两会夜归人"活动除了吸引到众多媒体同行参加，还有不少相关部门也加入了 Vlogger 的行列，外交小灵通版、电力小哥版、移民管理小姐姐版的两会夜归人 Vlog 也都在微博上收获了大把点赞。

更加值得关注的是，人民视频的这一活动是面向全体民众的，它让每一个用户都有了成为人民视频 Vlogger 的可能性。为了让用户更方便地参与 Vlog 投稿中来，人民视频客户端还提供了拍摄和移动化剪辑功能，帮助受众完成 Vlog 从制作到发布的全部流程。只需通过一部手机，就能实现高清视频的采集，随时插入、删减片段，增加转场、字幕，并一键发布至人民视频客户端。这也让 Vlog 成了媒体探索 UGC 的又一种手段。

  作为近年来才走进中国大众视野的视频形态，Vlog 对于大多数人来说还是个新鲜玩意儿，它与新闻更是才刚刚擦出火花。我们有理由相信，当 Vlog 遇上新闻，未来还有更多玩法值得期待。

24. 音频蓝海，纸媒如何破局①

王漫 / 文

随着汽车保有量的快速增加、智能音箱迅速进入人们的生活日常，"耳朵经济"悄然崛起，音频这一传统的信息传播方式，凭借其利于构建交际语境、利于用户接收信息的两大特性再次焕发出新的生机。有媒体人曾表示："音频在现阶段处于下风，是因为目前还没有找到适合的传播技巧，没有成功挖掘出蓝海用户需求，一旦这些突破了，音频领域会有一个爆发。"②

一方面是传播技巧瓶颈有待突破，另一方面是媒体纷纷"下海"试水。在蜻蜓 FM 上通过简单搜索就可以发现，除了中央人民广播电台等传统"声音大咖"外，东方网、界面、中国日报、中新网等多家媒体也都已经"跨界"入驻。而一些智能设备平台上，早有沈阳晚报、都市快报、封面新闻、南方都市报第一时间参与进来。音频蓝海如何破局，纸媒在这场"混战"中又如何突出重围？

网络电台的应用场景较适合纸媒落棋

有学者将音频的使用场景分为私人移动、私人固定、封闭公共、开放公共等四重声音传播场景③。在驾车、跑步等私人移动场景中，用户更倾

---

① 原载传媒评论微信公众号，2019年5月20日，原题《在音频的蓝海中搏浪，纸媒，该如何躲开暗礁后来居上》。
② 刘娟：《音频新闻是蓝海！媒体布局要趁早！》，传媒茶话会微信公众号，2019年4月9日，https://mp.weixin.qq.com/s/YcmiZo6cDufM-NsEddinQQ，2019年5月17日。
③ 宫承波、陈曦：《智能音频传播策略：基于多维场景用户体验的探讨》，《当代传播》2018年第4期，第101—104页。

向于实时信息和新闻资讯的获取；在做饭、睡前等私人固定场景中，用户偏爱能充盈碎片化时间、偏人文艺术内容的音频；在办公室、图书馆等封闭公共场景，缓解压力、消磨无聊时光则成为音频的主要用途；在科技馆、展览馆等开放公共场景中，带有多维感官体验和深度沉浸式享受的音频将受到用户喜爱。

在传统电视、广播、报纸这三大类型的媒体中，广播凭借其先发优势，在这四个场景中都有较为稳健的布局，特别是在私人移动场景中，由于移动性被限制和汽车内嵌的广播调频设置，广播在这一场景中将会在较长一段时间中都处于领先地位。未来手机上的网络电台是否能取代车载电台，还是一个很大的未知数，毕竟一台手机同时在车内用于导航、接听电话和听音频，目前来看是难以实现的。当然，若未来随着车联网发展和车载智能设备的更迭，车载广播的"霸主"地位也有可能会被动摇。

在私人固定场景和封闭公共场景中，网络电台已经逐步占据一定的市场份额，而且在音频资源上也有了稳定的布局，打开喜马拉雅、荔枝、蜻蜓FM、企鹅FM等移动音频平台，不难发现，音频内容大致涵盖了新闻、读书、音乐、相声、娱乐等内容，这与私人固定场景和封闭公共场景中，用户填充碎片化时间、缓解压力等需求较为吻合。在这两个场景中，网络电台在技术上已经可以与传统广播相匹敌，甚至凭借着点播内容的随意性和便捷性更胜传统广播一筹；也正是网络广播的发展，为电视、报纸这样的传统媒体提供了在音频领域与广播一较高下的平台。

对于公共开放场景来说，其实更多的竞争并不来自"媒体"这个集体概念，它其实是声音工作者之间的竞争，在竞争过程中夹带着所属媒体之间的资源较量。比如地铁广播，往往会根据自身线路的"地位"邀请电视台、电台主持人来录音，这种挑选的变量因素往往较多。同样的，博物馆、展览馆的讲解、配音等音频素材，往往也是邀请声音工作者来共同完成。在这种场景中，无论是哪种媒体其实都有参与机会，但是能否参与，更多的还是取决于人和资源。

通过以上四种主要的音频使用场景分析，我们可以发现，报纸这种传统的文字类媒体若要在音频领域寻求突破，较为现实和"速成"的布局点应该是网络电台较为发达的私人固定场景和封闭公共场景。

音频文案还需注重耳朵体验

新闻传播有其自身规律可循。按照麦克卢汉的理论，报纸是视觉感官的延伸，广播是听觉感官的延伸，不同的媒介作用于人的机制各不相同。相较于广播而言，纸媒新闻队伍庞大且整体素质较高，写作能力强，媒体公信力高，特别是在深入采访及撰写深度报道方面有深厚的积累，当这样一种新闻内容通过声音传递给读者时，会让读者产生极大的新鲜感。但新鲜感并不是一种可持续资源，要长期维护用户流量，伴随性是音频内容必不可少的一大元素。

有论文指出："在汽车领域，广播虽然拥有较高的覆盖率和收听率，但实际上其与用户之间的关联性较弱。从用户触媒因素来看，大部分用户并不是因为真正喜爱音频才收听，而是汽车媒体的唯一性和广播的伴随性使然。"[①] 这说明即使并不喜爱音频，但伴随性还是会让用户不自主地选择音频并由此为广播类媒体带来一定的流量。

纸媒转型做音频，往往延续了纸媒风格，即内容上非常扎实，但节奏上会略微跟不上步伐，而且较为缺乏交流感和伴随性。这主要是由于网络音频并不具备线性传播的特点，所以在与用户的交流中需要服务更多时段的用户的不同需求，与实时广播的音频相比，"传"的特性就远远大于

---

① 谭天、夏厦：《场景重构与用户延伸——打造互联网时代新型广播》，《中国广播》2017年第5期，第38—41页。

"陪"的特性。

除了传播性质的不同外，很多音频制作细节上的不同也让目前一些纸媒生产的音频在用户体验上略显不足。

首先，在话语表达上，不少纸媒生产的音频产品还具有很强的书面表达性。比如南都快讯（《南方都市报》音频新闻号）在《刘强东凌晨回应京东物流调薪：打破大锅饭，让能力强的兄弟赚更多》这一音频新闻中，就出现了"称"这一较为书面的用词，而在《上海波音维修公司修坏了顺丰一架飞机！被民航华东局责令暂停检修》中又出现了"正被民航华东局开出罚单"这一简洁表述，这样的表述在文字报道中出现没有任何问题，但出现在音频中就容易让用户产生隔阂感。而《央广夜新闻》（中央广播电视台中国之声晚间新闻节目）在《马云谈996工作制：这是福气，很多人想996都没机会》中，则多采用"叫""说""你是不是"等较为口语化的表达方式，甚至在整个新闻的播报过程中听上去有很多"废话"，但却还原了真实的语言环境，拉近了与用户之间的距离，比如新闻播报时加入"也许此时此刻就正在加班"等语句，更是加强了与用户的互动性。

其次，在播报节奏上，是选择"播报"还是选择"对话"，这两种不同语言节奏也能让用户的耳朵产生不同的体验。比如界面新闻与蜻蜓FM合作账号"界面·洞见"、AI财经社与蜻蜓FM联合出品的资讯类节目《光华路号外》都关注了"视觉中国版权门"。由于是脱口秀类的新闻产品，所以两者的音频都通过精心制作，片头、垫乐等要素都非常齐全，但在语音语调和节奏上还是有很强的刻意感，并不像真的在说评，难免有种用力过猛的听感。同样是和该事件相关的新闻播报，《央广夜新闻》用对话的方式来为用户解读其中原委，拉家常式的播报节奏，甚至出现偶尔的停顿、换气，以及"嗯""啊"等碎词，让用户的耳朵可以更好地"吸收"信息。

寻找推荐内容的"核心"要素

网络音频平台提供的音频节目不仅有国内外数千家网络电台和全国广播电台，还涵盖有声小说、儿童故事、相声、评书、戏曲、在线音乐、脱口秀、情感故事、财经、新闻、历史、健康等各类型的音频产品。而无论是哪家平台，在首页的推荐中还是以人为核心，比如梁宏达《老梁的四大名著情商课》、上官文露的《上官文露读书会》、刘墉的《刘墉谈处世情商》等都是所在平台的主推栏目。具体到新闻类产品上，推荐关注点则在品牌和主持人两者之间做了一个平衡，如江苏新闻广播的名栏目《新闻故事》、环球资讯广播的《环球故事会》、中央广播电视总台中国之声的《新闻纵横》等都以品牌作为推荐核心，而环球时报的《胡言不乱语》、凤凰卫视的《吕宁思观天下》、第一财经的《树我直言》等都以名人作为推荐关键点。

从以上一系列产品中我们不难发现，用品牌作为主打概念的主要是广播电台，而用人作为主打概念的主要是电视、纸媒、自媒体。这主要是因为在以往的受众积累中，广播已经将音频品牌打响，将其直接移植到网络电台上可以用品牌的影响力吸引足够的用户，满足线性播放中无法及时收听节目的用户的回听需求。而其他媒介无法将其原有的王牌节目、专栏直接用于音频播放，要在音频产品打开市场，不得不以名人作为资源核心，来吸引用户，甚至是粉丝的耳朵。

随着媒体融合的发展，还有不少媒体逐步在自己的平台或客户端上布局了音频专栏或产品，如新华社客户端的"新华FM"频道、人民日报的《新闻早班车》、浙江新闻客户端的《浙音频》等。也有媒体选择入驻智能音响平台，如入驻了天猫精灵平台的《沈阳晚报》《都市快报》《封面新闻》《南方都市报》等。但无论选择了哪一种平台，其实都面临着同质竞争的问题，新闻简报类产品仍是目前的竞争主战场。对于以深度报道见长的纸媒，特别是地方纸媒来说，如何发挥自己的优势和地方特色，做差异化竞争是一个需要继续思考和探索的问题。比如 2019 年 4 月 16 日人民日报的《新闻早班车》和新华社的《早知天下事》在内容上几乎全部吻合，对于用户来说两者任听其一即可，用户的挑选或许有的凭"习惯"，有的只是靠"运气"。

音频新闻其实就是新闻产品利用声音这一媒介进行传播，听与读、看不同，听的注意力集中度往往偏低，这也自然对听的内容提出了不同的要求，太难、太深，太无趣都将有损听众的接受度，无限接近于真实语境，并在播报中带出画面感才是听众所偏爱的。在其他传播介质中的同质化竞争现象，并不会随着传播介质的转换而消失，如何在声音中避免同质化，同样是传播者所面临的课题之一。

25. 融媒时代的新闻漫画，和 10 年前有啥不一样①

张宇洲 / 文

新闻漫画是传统纸媒报道中常见的形式。随着新媒体的崛起，新闻传播形式越来越丰富多样，报纸受众逐渐减少，随之而来的是版面缩减，不少纸媒的漫画栏目也纷纷"歇业"，新闻漫画一度式微。但技术带来冲击的同时，也带来了机遇。媒体融合让新闻漫画有了更多样的呈现样式和传播手段，一度沉寂的新闻漫画正逐渐回归主流视野，并且表现亮眼。

直截了当阐述"画中话"

快节奏的当下，面对每天铺天盖地的新闻推送，用户在阅读文字新闻方面所花的时间正在减少，而简单又富有趣味的新闻获取方式则越来越受到欢迎，比如短视频新闻、新闻游戏等，当然也包括新闻漫画。

在工作日，《人民日报》固定推出评论版，就中心工作及当下热点进行点评，版面看起来偏严肃，但在版面的正中总会刊发一篇醒目的新闻漫画。没有标题，简单的文字置于底部，漫画是绝对的主角。在各种观点之间，一幅亮眼的漫画，不禁让读者眼前一亮。事实上，在评论版发新闻漫画，是纸媒一种比较传统的做法，《人民日报》坚持了下来。有时，一张漫画加上寥寥数语，带来的效果却远超长篇大论。比如，2019 年 7 月 17 日《人民日报》第 5 版评论版的新闻漫画是有关北京市率先全面取消手机一卡通开卡费的消息。在漫画中，北京手机一卡通脱去了开卡费的包袱，迎来市民的拥抱。一张简单的漫画将"北京手机一卡通""取消开卡费"两大关键词表达得淋漓尽致。《人民日报》在新闻漫画运用上较为用心的

---

① 原载传媒评论微信公众号，2019 年 8 月 2 日。

一点是，每幅漫画都会配上一首简短并朗朗上口的打油诗，读起来更有趣味。这样的做法"执拗"地将漫画说新闻的方式在报纸上进行了延续，顺应了读图大趋势的同时，旧情怀也被赋予了新的意义。

近日，北京市率先全面取消手机交通一卡通开卡费，部分品牌手机和智能手表用户可免费开通京津冀互联互通卡，凭借一部手机畅行全国300余座城市。开卡服务费原来主要用在手机一卡通系统扩容、技术平台建设等方面，如今伴随技术进步和运营效率提升，取消这项费用的条件已经成熟。

这正是：
打牢技术基础，
甩掉出行包袱，
轻松手机开卡，
一路畅行无阻。
曹 一图（新华社发） 羽 生文

北京市率先全面取消手机一卡通开卡费相关漫画

而在新媒体端,也有媒体推出了将漫画与评论相结合的产品,比如浙江新闻客户端新媒体漫画栏目《画里有话》。该栏目自 2018 年 4 月推出,经历了数次改版,越来越符合融媒体时代用户的阅读需求。

最初,《画里有话》也叫"小浙漫评",以聚合方式呈现,每月一期,每期有多个主题。每个主题的元素包括一幅漫画、一段短评和几条新闻链接,呈现方式相对比较简单,但也收获了不少好评。其中,2018 年 7 月的作品中有一幅漫画《新规出台"民告官"不能"不见官"》,还获得了 2018 年浙江新闻奖漫画类二等奖。

漫画《新规出台"民告官"不能"不见官"》

2019年初,《画里有话》进行了改版,每周推出,每期只聚焦一个主题。漫画以动图形式呈现,突出了移动端的特点,并分出了《画政经》《画民生》《画文教》等多个子栏目,同时还加入了和《人民日报》新闻漫画类似的打油诗,或讽刺戏谑或语重心长,达到点题之意。

▲ 自导自演"狼来了"伤了谁的心

《画里有话·画民生》栏目部分截图

除了在客户端内呈现，作为客户端重点栏目之一，该栏目作品也常常出现在启动页上。读者打开客户端就能直接查看，在碎片化阅读趋势中，"见缝插针"地发挥着针砭时弊的作用。

长长的故事一图讲完

不受时间、空间约束，用画笔还原现场叙述故事和历史，也是漫画在新闻当中独特的优势。相比于文字、照片或视频，漫画在立足事实的基础上，可以把其他方式需要长篇大论叙述的内容高度浓缩在小篇幅内，以画代话的形式使其内容更便于读者理解，也更能节省时间。

2019年5月4日是五四运动100周年，不少纸媒在此节点推出一系列特刊、策划，通过大篇幅具有创意的报道来追忆往昔，以此向青春致敬。其中，《济南时报》的报道，颇为与众不同。

《济南时报》于当天推出10个整版的《五四百年 致敬青春》专题报道。同其他报纸主打文字不同，《济南时报》以文字探访一战遗址博物馆，寻访主权回归纪念碑，追溯激荡近代中国百年的历史之外，还在每一篇文字报道之上，以漫画形式讲述了虚拟主人公穿越历史与李大钊、鲁迅、姚明、杨利伟等不同年代的青年代表人物相遇的故事，将6个版的漫画拼接起来，就是一段长达百年的时光轴。漫画以打开怀表穿越回1919年为开篇，人物用有趣的漫画形象呈现，共列举了10位在历史上比较有代表性的青年才俊，总结他们取得的成绩，展现青春的力量。

钱江晚报新媒体团队策划的作品《核桃树之恋》，则以竖屏漫画形式将一段爱与初心的故事娓娓道于读者。漫画不长，滑动一分钟就能看完，但却浓缩了主人公长达50余年的人生。漫画紧抓关键时间节点，过渡自然，人物刻画也十分细腻，情感流露真切，将女主人公那段心路历程进行高度具象化还原，在没有过多的气氛渲染下，朴素的质感打动了读者。从

《济南时报》2019年5月4日专题报道漫画部分截图

核桃树种下两人缘起,到一人坚守,树贯穿了始终,蕴含深意,树下的老人则留给了读者更多遐想的空间,这也是其他表述方式不具备的画面感。

《钱江晚报》作品《核桃树之恋》部分截图

萌萌画风"趣说"新闻

幽默诙谐一直是新闻漫画的特色,在融媒体时代,这一特色得到了进一步发扬——以有趣的画(话)风说新闻,显然更受年轻人喜爱。

2019年7月6日,良渚古城遗址申遗成功,被正式列入《世界遗产名录》。围绕这一热点,多家媒体展开了博弈,除了第一波报道抢时效外,后续更是推出一系列多种形式的新闻作品。这其中,就有不少媒体选择了漫画。

新华网可视化作品《五千多年前的良渚古国到底有多好?》,将良渚文物陶器拟人化,带领读者乘坐火车穿越回5000年前的古国,由"国王""王后"介绍良渚玉作为礼器的用法、不同陶器的作用等,好玩好看也好用[1]。该产品大胆地使用了大红大绿的色彩,从拟人化的文物到"国王""王后",都带着一股萌萌的气质,讲知识的同时更增添了趣味性。

新华网浙江频道《五千多年前的良渚古国到底有多好?》作品截图

杭州日报的微信公众号于7月7日推出了可视化产品《良渚人居然发过这么一条朋友圈,评论区炸了……》,将良渚古人在陶器上刻画的符号与今天的微信朋友圈进行类比,通过想象还原了当时贵族的漫画形象,诙

---

[1] 新华网浙江频道:《五千多年前的良渚古国到底有多好?》,新华网微信公众号,2019年7月6日,https://mp.weixin.qq.com/s/dKhhY6tUt9GHwOdaZKqCBw,2019年8月2日。

谐幽默地展示了良渚古人的日常，寓教于乐，趣味十足。

《杭州日报》作品《良渚人居然发过这么一条朋友圈，评论区炸了……》截图

在围绕新闻进行"趣说"的漫画产品创作方面，自媒体也有不少尝试。2019年7月，上海率先实行垃圾分类，引发了全社会热议。当主流

媒体忙着挖掘如何以上海为标杆推行全国实行垃圾分类的时候，自媒体早就把这个话题"玩坏了"。自媒体"姜茶茶"推出漫画长图《朋友圈的上海人都被垃圾分类逼疯了》，细数上海人被垃圾分类逼疯的 14 个瞬间，用简单的漫画调侃呈现。搞笑之余，将垃圾分类知识点贯穿其中，寓教于乐。

在新闻报道中，漫画的运用由来已久，虽然在一段时间内处于沉寂状态，但在新的传播时代，凭借轻松向受众传递信息、锋芒毕露表达观点等优势，它正在以一种崭新的方式回归。除了在传统的纸媒领地扎根之外，新闻漫画更是开拓了新媒体端口，越来越多地在新闻报道中被运用，并深受年轻人的追捧与喜爱。另一方面，为了使新闻漫画在新常态下不断传播和发展，新闻工作者也要在题材、形式与创意等方面下功夫，同时注重"颜值"和内涵的塑造，才能为读者创作更多喜闻乐见的优质作品，从而形成良性循环。

26. 短视频新玩法，主流媒体能"嫁接"吗[①]

王晓婕 / 文

如果你能决定女主角的感情归宿，是否就不会因情节超出预期扼腕叹息？

如果你能主宰剧情片的故事走向，是否就不会为喜欢的角色的离开而难过？

在爱奇艺、腾讯视频、哔哩哔哩等视频平台纷纷试水互动视频后，观众的愿望得到了满足。

动动手指就能决定故事发展，不仅吸引了用户，也引发了传媒界的关注。一些嗅觉敏锐的新闻内容生产者，也开始尝试将其运用到新闻产品中，创新融媒体新闻产品的报道形态。

互动视频让用户边看边玩

互动视频是一种全新的视频类型。有点类似游戏，观众即玩家，可以在观看过程中参与剧情走向，通过不同的选择，触发不同的人物、剧情和结局，体验参与剧情互动的乐趣。相比普通视频，互动视频的代入感更强，将故事控制权交给观众，也有助于增强用户黏性。

这个概念其实并不算很新。2018年，奈飞（Netflix，美国奈飞公司）推出的《黑镜·潘达斯奈基》，可以说将互动模式推向了新的高潮。该剧通过不同的选择，最终可以产生12个不同结局，电影时长也会根据观众的不同选择产生变化。

因为这个"出圈"的产品，在不少人心中产生强烈波澜，也把影响扩

[①] 原载传媒评论微信公众号，2019年8月9日。

散到了国内视频市场。多个国内头部视频网站如爱奇艺和腾讯分别发布了互动视频标准和技术标准,哔哩哔哩也正式上线互动视频功能。

截至 2018 年,国内平台上已经推出的互动视频内容五花八门,有悬疑剧情类,也有游戏测试类,还有一些鬼畜风格的视频,精品却相对较少。

不过,值得关注的是,有内容生产者将互动视频运用到了热点话题中,并受到了用户热议。比如哔哩哔哩上发布的垃圾分类互动视频,上线 15 天,播放量超过 64 万,评论条数达 5000 以上。对于主流媒体来说,或许可以将其看作新闻类互动视频的雏形,去思考将互动视频与新闻报道相结合的办法。

哔哩哔哩垃圾分类互动视频相关截图

要在已经上线互动视频功能的平台上做一个互动视频,技术含量并不高。对于创作者而言,在剧情关键的节点设置、增加分支剧情的分镜拍摄即可。哔哩哔哩上更是有将制作步骤一一讲解并推出手把手教程的视频，让用户很快掌握新技能。

但对于并不具备互动视频功能的主流媒体平台来说，除了改进技术，或者在其他平台制作投放产品外，是否还有尝鲜互动视频的可能呢？

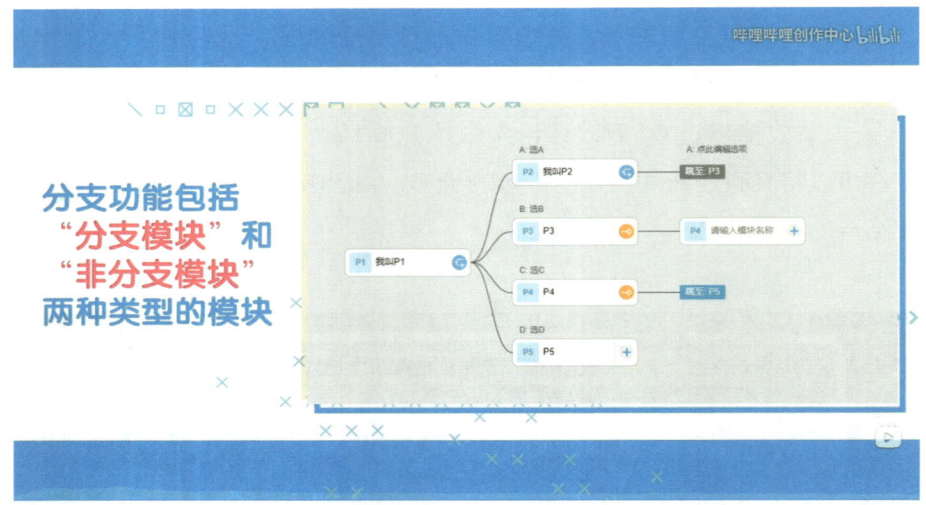

哔哩哔哩互动视频制作教学视频相关截图

2019 年 7 月 19 日，中国蓝新闻客户端为了宣传垃圾分类政策，推出融媒体作品《在吗？可以帮我扔一下奶茶吗？》。故事线围绕丢垃圾展开，在丢垃圾的过程中融入了各种互动选项，让用户在选择的同时迅速掌握垃圾分类知识，互动体验优于单纯的答题类产品。

尽管这并不能严格算作一款互动视频，而是一款将视频嵌入其中的 H5 交互产品，但用户感受到的互动体验却是与互动视频无异的。对于有意尝试互动视频的主流媒体来说，以这样的方式试个水，试探一下用户的反应，也是个不错的选择。

找到竖视频的正确打开方式

随着 2017 年短视频作品开始爆发，长视频第一梯队的优酷、爱奇艺、腾讯等视频网站受到了巨大冲击。面对压力，这些传统意义上的长视频平台，也开始在短视频方面布局，以适应移动互联网时代的需求。而具有鲜明移动端"体质"的竖屏类产品，也成了不少视频平台探索的重点。

大多数国内用户开始广泛接触竖屏视频都是从抖音、快手等短视频平台开始的。这些短视频平台的迅速崛起，使用户急剧分流，也正因如此，不少长视频平台开始尝试在竖屏视频上花更多心思，与这些擅长短视频的平台展开竞争。

早在 2017 年，优酷就有所尝试，其自制资讯类短视频节目《优酷辣报》以竖屏形式推出过不少产品，腾讯视频也在同年 6 月上线过一档竖屏访谈节目《和陌生人说话》。可是这两个节目都没有激起太多水花，它们又悄悄地回到了横屏时代。不过在竖视频方面，依然有源源不断的"探险者"往前走。2018 年年底，爱奇艺推出国内首部竖屏网剧《生活对我下手了》，每集时长多在 2 至 3 分钟，既契合了长视频平台以影视类内容制胜的特点，又以竖屏短剧的形式适应了移动端的碎片化传播。剧集上线当天，单集热度就突破 5900 点，点赞数高达 25 万。这部竖屏短剧受到热捧，似乎又让长视频平台看到了抓住移动端短视频用户的曙光。

而对主流媒体而言，在移动端推出竖视频产品的尝试也早已有之。近年来，在全国两会等重大主题报道中也都可以看到这一形式的作品。但真正走进用户心中的爆款新闻类竖视频产品或系列化栏目并不多，真正专注于生产新闻竖视频的团队也相对较少。

如何才能找到竖视频与新闻的最佳"嫁接"方法？

相对于长视频平台推出的剧情化的产品，抖音、快手等专注于短视频的平台在竖视频精品化方面的探索，以及其在拍摄、剪辑方面的技巧，或许更具借鉴意义。

抖音推出过一个竖视频系列作品《每个我》，呈现了很强的突破性。于"短"而言，它采用了半记录、半采访的模式，提高了短视频的信息承载量；于"竖"而言，它量身开发了一套适配竖屏的视听语言，比如加入了分屏运用等，瞬间强化出了受访者多面性的人物特色。

抖音在发力，火山小视频同样不可小觑。2019年2月12日，火山小视频推出一档竖屏短视频节目《职业猎人》，以"捕猎你所未见的职业"为目标，带领用户体验酒店试睡员、海鲜剥壳师、情感修复师等12个小众职业的日常工作，展示社会百态。视频拍摄手法上没有多大的特殊性，但贵在题材内容吸引人，同时宣传包装上也较为用心，前期推出的海报和宣传片就抓住了不少用户的注意力。

这种关注人物和民生话题的节目，和主流媒体的新闻报道存在一定共同性，而这两档节目不仅内容上有干货，呈现和主题上也比一般的短视频更加细腻精致，抓人眼球。这样的节目在策划思路、包装手法上，也给新闻媒体提供了思路。

事实上，竖屏只是一个外在形式，优质产品能够诞生，关键还在于精心的策划和准备。细节中有惊喜，内容中有干货，同时又符合平台特点，如此才能真正抓住用户的心。

用火锅剧说新闻，可能吗？

相比动辄几十集，一集近一小时的注水长剧，一种被称为"火锅剧"的体量小、内容密度高的剧集成为网友们的追剧新宠。

2019年6月5日，腾讯视频正式将"火锅剧"作为短视频的新品类发布，并公布相应的激励规则，通过流量补贴的方式，扶持第三方创作者打造多元化的优质火锅剧。

  "火锅"之名颇为形象，不同种类、丰富的食材均可放入火锅中变成美食，涮涮就熟，可以快速享用。"火锅剧"的概念主要也就取了火锅"快速"之意。事实上这也算不得什么新概念，日本的"泡面番"动漫、韩国的"泡面剧"（一碗泡面的功夫便可看完一集内容）都是类似的视频产品。它们的时长一般控制在 1 至 10 分钟，具备完整的叙事线，题材广泛、形式多样，镜头语言丰富，剧情、综艺、纪录片等类型都可以归纳到火锅剧的范畴，制作上横屏、竖屏的画幅均不受限制。事实上，上文提过的爱奇艺竖屏网剧《生活对我下手了》，也可以归为火锅剧的一种。

  目前，"火锅剧"主要出现在各大影视类视频平台上，以微剧和微综艺为主。与普通的网络节目相比，它舍弃了更多的支线内容，主要精力就聚焦在主角身上。在用户注意力被极大程度分散的当下，这种类型的产品比长节目更容易吸引用户关注，而和一般的短视频相比，在制作上又更精良、更具品质感。比如，全力扶持"火锅剧"的腾讯视频就推出了《抱歉了同事》《史密私》等数部火锅剧，并取得了良好的用户口碑。

  "火锅剧"所代表的是国内头部视频平台探索"长短互补"发展的一个思路，以短视频的形式结合优质、完整的内容创作，并通过高品质制作，实现优质作品源源不断地产出，不少专业影视行业以及跨界内容创造者已经纷纷加入试水队伍。

  那么新闻要如何同火锅剧找到结合点呢？

  事实上，一些主流媒体尝试创作的微情景剧，与"火锅剧"颇有异曲同工之感。比如南海网推出国内首档以辟谣为主题传播的视频情景短剧《海蛙说》，通过海蛙的动漫形象，聚焦当下热传的网络谣言和生活中被误读的常识、知识，发声辟谣；吉林日报全媒体中心推出的《沉默的路人甲》，采用中英文字幕，5 分钟左右的短剧营造出了一种大片的氛围，宣传吉林扫黑除恶专项斗争工作取得的成绩。

对于制作者来说，完整的脚本、成熟的视频技术、大量素材的收集是相对费时费力的，但对于用户来说，这种形式是新鲜又抓眼球的，通过一部小电影便可达到宣传效果，未尝不能在竞争激烈的内容市场分得一杯羹。

快节奏的工作，将人们的生活切割成一个个碎片。短视频相比长视频的优势，是能将这点点碎片一一填满。毫无疑问，今后短视频依然是内容传播的主力军，并且伴随着各种新视频技术的应用，短视频的表现形态会更加丰富，市场潜力还会进一步提升。作为主流媒体，我们也应该加强对短视频发展的关注，跟上短视频发展的脚步，以优质的视频内容去吸引短视频用户，更好地做好新时代党的新闻舆论工作。

27. 旧报换新颜，纸媒期待雪中花开①

张宇洲 / 文

2019年，有一批报纸再次选择了新年改版，以全新的面貌迎接新征程。据不完全统计，包括《人民日报》《浙江日报》《南方日报》等在内的近20家主流党报，都在年初的改版潮中，交出了自己的答卷。

"即使飞雪飘零，这仍是一个花开的季节"，《经济观察报》在改版后的首期报纸致读者的信中这样写道。这或许也正是在这一轮改版中迎来新年的纸媒共同的信念和期待。

美国著名报纸改版专家、密苏里新闻学院教授达里尔·莫恩（Daryl R.Moen）曾说过："报纸隔了5年还停滞不前，就不会有新的进展。"本次主流党报密集改版，是满足读者日益变化的需求、适应时代变迁的重大举措，同时也是不断创新完善自我、证明自我的过程。

元月中旬，距离各大报纸改版已经过去10余天，它们是否完成了年初的"小目标"？是否做出了令人耳目一新的改变？我们不妨来看看它们的"成绩单"。

创新版面突出视觉效果

作为中国纸媒的领军者，《人民日报》的一举一动备受行业关注，此次改版自然也夺得了关注度的"C位"②，不论在版式还是内容上，《人民日报》都有比较大的变化，其中最显著的无疑是全部版面彩印和版面数量的调整。

---

① 原载传媒评论微信公众号，2019年1月18日。
② C位：网络用语，意为中心位。

在其元旦头版的《致读者》中，改版安排非常明确：从 2019 年元旦起，《人民日报》实行改版，工作日从 24 个版调整为 20 个版，周末从 12 个版调整为 8 个版，节假日仍为 8 个版，全部版面彩色印刷，这也是《人民日报》历史上第一次全彩印。

人民日报社微信公众号金台新声此前发布了关于改版台前幕后的短片。在金台新声发布的短片中，人民日报社总编室负责人围绕此次改版在视觉元素上的变化，强调"要加提要""图示图表要加强""长篇报道在编排上要更加灵活、更加生动"，对图片报道更是提出了"要精品化，要有收藏级照片"的高要求。

这些要求，改版后的《人民日报》正在一项项落实。

1 月 1 日以来的《人民日报》头版在处理当日重点稿件，尤其是长篇稿件时，都会以红字或使用边框、底纹等元素，提炼稿件亮点，让读者快速获取"干货"。

首先，新版《人民日报》对图示图表的运用有明显加强。以改版第二周工作日（1 月 7 日至 11 日）的版面为例，5 天的报纸中，运用了 16 处篇幅较大的图表，同改版前一周工作日（2018 年 12 月 24 日至 28 日）的版面相比，图表运用量翻了 4 倍，增量显著。

对长篇报道进行更灵活、更生动编排的要求，在这几天的《人民日报》上也有鲜明的呈现。改版后的长篇稿件在版面上添加了更多元素，全彩印刷也让版面色彩更加明亮，文字、图表、照片在巧妙的设计排版下，更显生动灵活。比如 1 月 3 日第 6 版要闻版整版稿件《逾 1500 万新型职业农民活跃在田间地头——听他们说说种地的事儿》，版面上文字与图片、图表的篇幅占比几乎达到 1：1；色彩的选用上，明亮的黄色也与主题十分和谐。同时，文章将记者感言作为单独元素在版面中呈现，使得稿件呈现更加丰富而多元。而 1 月 9 日第 6 版则关注国家最高科学技术奖的

津津传媒道

基于媒体融合流程再造的实践产品 / 176

《人民日报》2019年1月10日头版

177 / 纸上生花

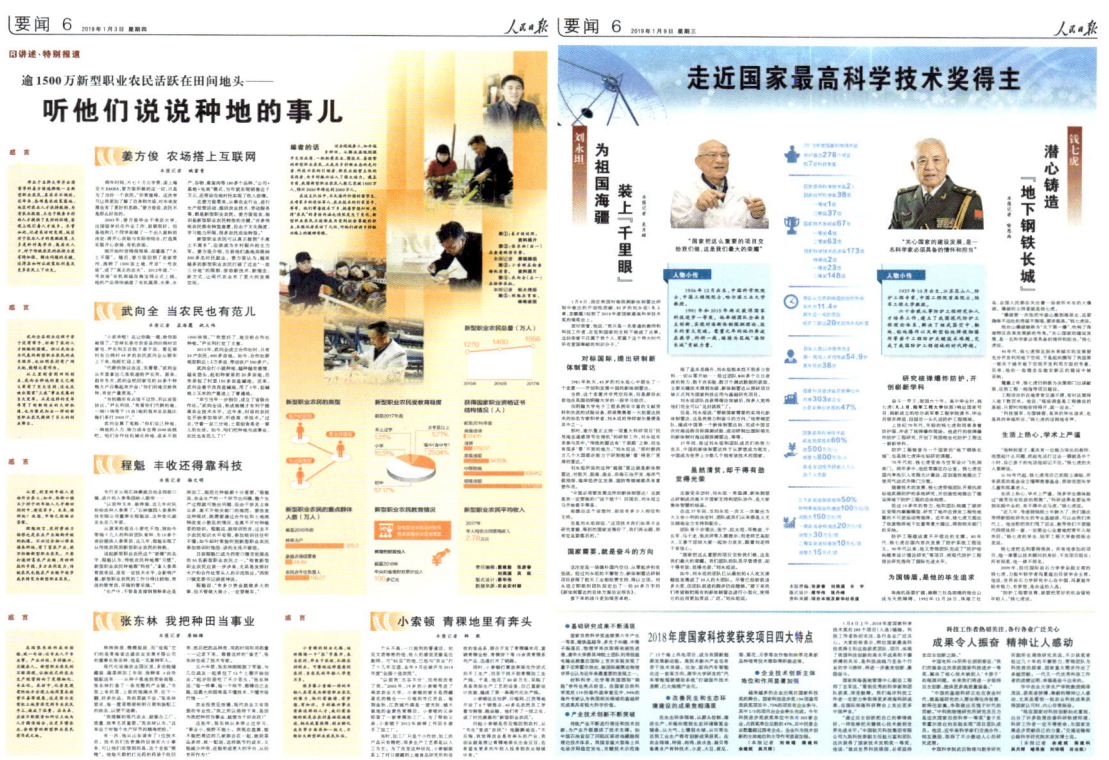

左起《人民日报》2019年1月3日第6版、1月9日第6版

两位得主，对称的排版，照片、图表、底纹等元素的运用，也提升了读者的阅读体验。

另外，观察改版前后《人民日报》选用的图片也可以发现，版面中图片的分量有所加大，组图的运用也有所增加。此外，宏观视角的图片特别是航拍图片选择较多，还有不少将图片与图表或其他版面元素相结合处理。

津津有道 传媒

基于媒体融合流程再造的实践产品 / 178

《人民日报》部分版面中的图片运用

除《人民日报》外,《南方日报》新年的改版变化也十分突出。该报的封面一直是其特色,在党报头版中常凭借独特的排版,给人以眼前一亮的观感。但2019年这次改版之后,《南方日报》恢复宽报,封面版消失不见;《广州日报》的导读式封面也在最近的改版中同时消失。《南方日报》在新年改版致读者文章中提到,要优化报型版面,打造具有黄钟大吕气质和品格的党报形象;《广州日报》则在改版文章中提出,将从报纸编辑结构、内容格局重组和创新入手，瞄准提供高质量内容产品，推动报纸实现从优报向精品党报的提升。导读式封面版的消失可以说是这两家报纸改版的最显著变化，而给人的最直观印象就是"党报气质"的加深和头版信息量的剧增。

还有两家媒体在改版中，在视觉效果上下了不少工夫。《北京青年报》改版后，原本红底白字的报头改为白底红字，设计元素上也去掉了一些深色底纹和线条，一下从浓眉大眼变得眉清目秀，时尚了不少。天津《今晚报》在改版后，也强调庄重、清新、简约、时尚的风格，同时加大字号给读者带去"悦"读体验。

《北京青年报》头版改版前后对比

加强深度彰显内容品质

我们在梳理多家纸媒的改版方向时发现，在其致读者信中，不约而同地提到了"深度报道"，以深度内容成就精品化报纸，或成为行业趋势。

比如除了对版式提出要求，人民日报社总编室负责人也总结了在内容方面的新要求：工作性报道要减少，特别是部门和地方工作性的报道，要挤掉水分，要让百姓有感；新闻版重点要抓深度报道，做出新闻的宽度、厚度和深度。

首先，改版后的《人民日报》确实大大增加了深度报道的数量。在改版后的第一个工作周（1月2日至4日）3天的版面上，篇幅为整版的深度报道稿件就多达13篇，日均超4篇，内容上重点围绕中心工作进行报道的同时，常常落点于人，关注大事件、新现象背后的小人物。

很多普通读者提到深度报道，第一反应就是长篇大论。诚然，不少媒体在做深度报道的时候都会给予整版的支持，以篇幅的广度和厚度体现报道深度，但《人民日报》不满足于此，而是通过精心策划推出各类专栏和系列报道，以不同角度、不同案例报道同一个主题，或分析同一问题的不同层面，以此提升报道的深度和广度。

比如从1月2日起，《人民日报》推出"聚焦长三角一体化"系列报道，截至14日，已刊发《深度融合 长三角牵手奔跑》《一体化 探寻更多可能》《G60科创走廊一体化样板间》《跨界交流，小城镇群串起来》《清溪河治理记》和《长三角 新起点再追梦》6篇深度报道。如此短时间内推出这样6个整版的报道，足见其策划的用心。系列报道通过选取精准案例，探索新一轮长三角一体化发展向高质量迈进的火热实践和崭新特点，达到了为其他区域协调发展提供有益借鉴的目的。组合拳式的稿件，使得报道本身深度得以强化，说服力也更加凸显。

181/纸上生花

《人民日报》"聚焦长三角一体化发展"系列报道部分版面

　　《浙江日报》也于2019年元旦进行了改版，受到同行和读者关注。改版后的《浙江日报》着重打造深度板块，推出深读、人物、亲历等版面，聚焦重点、热点、难点，创新报道方式，凭借前瞻视角，回应读者的所思所盼。截至2019年1月11日，已刊发9个亲历版面、8个深读版面和6个人物版面。值得一提的是，《浙江日报》在改版前也准备了不少先期策划，如人物版首推"改革七先锋"系列人物，亲历版则推出"我和我的祖国——庆祝新中国成立70周年"之"浙江日报百名记者基层行"特别报道。

精准定位强化自身优势

报纸的定位，就是确定报纸的属性、宗旨、功能、读者对象的行为，就是解决办报纸"干什么""给谁看""看什么""怎么看"等基本问题的行为。在新媒体时代，各家媒体为了获取更多的用户，往往采取广撒网的方式，报道范围涉及面更广，却忽视了"术业有专攻"的现实问题。2019年的这次改版，不少专业领域的纸媒，重申了"自我定位"，加强其专业领域的内容建设，从而提高专业的权威性，在百舸争流的竞争中能独树一帜。

《文汇报》在改版中提出，有着81年历史的《文汇报》选择"再出发"，改进提升报纸品质，精准定位"全国人文大报"。比较具体的措施是，以纪念上海解放70周年为契机，推出"红色·记忆"和"江南"系列专辑，用自己的脚力、眼力、脑力、笔力，精耕上海文化，擦亮上海文化品牌。

2019年元旦，《文汇报》于第10版、第11版首推"红色·记忆"专辑，首篇文章《这些"第一"为上海红色文化注入奔腾不息的理想动力》回望上海诸多"红色第一"，带领读者了解这座由红色文化滋养的城市。1月2日，《文汇报》推出"江南"专辑，分为"江南观点"和"江南随笔"，邀请专家谈他们对江南文化的看法和理解，并刊发了俞平伯、汪曾祺等名人描写江南的文章，营造了江南水韵的文化气质。1月11日，《文汇报》推出第二期"江南观点"和"江南随笔"。"江南观点"以整版的篇幅刊发了《中国的江南文化，是东亚世界共同的文明因缘》一文，文章将江南文化大义归结为刚健、深厚、温馨及灵秀四大块，再进行分析，以论证"在尊重传统的基础上，重新提炼江南文化的精神价值和文化内涵，增加认同感进而提升植根于本乡本土的文化自信，是重新发现江南的意义所在"观点，具有很强的说服力。"江南随笔"则刊发了作家李杭育随笔文章《水之利，塑造了杭州》，以"水利博物馆"为线索，挖掘杭州与水的关系。新专辑无疑强化了《文汇报》的人文气质。

左起为《文汇报》改版后推出的首期"红色·记忆"和"江南"系列专辑报道版面

除《文汇报》以外，其他改版的纸媒也都强调了改版对自身优势的强化。《南方日报》在改版语中提到：创办《理论周刊》，巩固南方评论高地，打通理论宣传的"最后一公里"。《理论周刊》逢周一刊出，分为"新论"和"知行"两部分。"新论"推出了《学习圆桌》《理论前沿》和《以改革开放的眼光看待改革开放》《粤论粤明》等栏目；"知行"则推出《新思想引领新时代》《专家说法》《高端瞭望》《文史广角》《基层感知》和《实践中来》等栏目。从已推出的两期内容来看，其中既有《专访北京大学马克思主义学院研究员陈培永 不忘初心将改革开放进行到底》这样"接天线"的理论指导，也有"接地气"的《做好粤港澳大湾区建设这篇大文章》这类做法总结。总体来看，其主要是邀请专家学者，对中央精神、社会热点和政策以及本地发展等进行解读，突出智库功能。

　　《新华日报》则强化了其周刊特色。1月7日，《新华日报》推出《经济周刊》，就此，《新华日报》"思想红""科技蓝""人文青""文艺紫""经济橙"五大特色周刊正式集结。《经济周刊》于每周一出版，包括"深观察""产业带""财经圈""新视野"四个特色版面，着力追踪时代脉动，关注热点前沿，注重深度解读，突出党报特色。

28. 壮丽70年中国奇迹如何绘入一张新闻纸[①]

张宇洲 / 文

2019年是中华人民共和国成立70周年，围绕这一全年最重大的主题，不少媒体从上半年起就陆续推出了相关策划、栏目，营造共庆新中国华诞的浓厚氛围。

整体来看，主流媒体大多将目光聚焦在70年来的政治、经济、文化、社会及生态文明等领域的发展，历数各方面取得的辉煌成就。在报道的方式上，各家媒体根据自身特点各有侧重，亮点纷呈。

穿越70年，央媒着力"数说"地方发展

7月22日，《人民日报》《光明日报》以及《经济日报》同步推出《壮丽70年·奋斗新时代——共和国发展成就巡礼》系列报道。虽然3家媒体有着同样的主题和相同的"巡礼"节奏，但是他们的关注点、角度选取与叙述思路却不尽相同，因此"命题作文"有了3种不同的阅读体验。不过，值得注意的是，为了更好地体现地方发展、直观表达成就，它们的文章均取用了大量数据进行佐证，并配合可视化图表呈现，在这一点上大家保持了默契。

《人民日报》每一期均刊发6个篇幅的整版，固定于第9至14版，浓墨重彩地呈现全国各地70年来的光辉成就及总结取得的发展经验。第9版为领导署名的综述文章，依据各个省、市、自治区的发展特色，多维度梳理所获所得。7月22日首篇，列举了新中国成立70年来江西的综合

[①] 原载传媒评论微信公众号，2019年9月9日，原题《壮丽70年·奋斗新时代——党报迎接新中国成立70周年策划亮点梳理》。

实力大幅提升、动力活力明显增强、生态质量巩固提升、民生福祉显著改善、政治生态持续优化五大方面变化，大量数据被使用，将成绩量化呈现。接下来的几期，第9版在对地方选择总结的维度上各有不同，不过数据体现GDP变化一直被放在首段的重要位置。在文字的基础上，第10版则固定以整版数读内容呈现，在前一版的基础上，再以圆饼图、树状图、折线图等图表，直观呈现时代的进步和各方面的发展。除了这两个版的规定动作外，其他4个版内容是自选模块，旨在图文并茂地讲述党和国家事业取得的全方位、开创性成就和深层次、根本性变革。先总起后细分的叙述方式，富有逻辑地向读者描绘出一条条具有地方特色的发展道路。

《人民日报》《壮丽70年·奋斗新时代：共和国发展成就巡礼——江西》部分版面

与《人民日报》相比,虽然《光明日报》的巡礼版面篇幅较少,每期固定为2版,但以通版形式呈现,视觉上更有气势。内容主要分为综述、理论文章、记者观察、名家撰稿以及可视化等板块,看似分散,实则围绕论述地方成就这一中心主题展开,主线明确,报道效果倍增。另外,《光明日报》也同样选择以GDP等数据"说事",将数据引用贯穿于报道中,佐证观点。而在数据可视化的运用上,由于篇幅有限,《光明日报》选择了见缝插针的方式,节省了空间的同时,也将关键数据巧妙地进行总结呈现,主动将成绩"送"到读者面前。

《光明日报》《壮丽七十年 奋斗新时代——共和国发展成就巡礼 江西篇》版面

《经济日报》作为专业性报刊,主要从经济的角度出发,梳理地方发展脉络及经济优势。同前面两家报纸不同,《经济日报》的专题报道篇幅并不固定，但相同的是大量数据的运用，且运用频次更高。总体来看，数据内容还是围绕经济增长、脱贫情况、地方特色产业等维度展开。

《经济日报》《壮丽70年·奋斗新时代——共和国发展成就巡礼·江西篇》部分版面

回望70载，在情怀中传达直观变化

同央媒以宏观视角为主不同，地方党报切入的角度会更细化，更针对本地读者，同时也带有更多的感情色彩，以前后比对、亲历回顾等方式渲染情怀，让读者产生共鸣，体现亲切感，强化获得感。

《解放日报》于8月12日起推出《壮丽70年·奋斗新时代》上海地区特刊。通过特刊，《解放日报》希望勾勒出上海各区70年来砥砺前行的身影，以此凝心聚力，以饱满姿态迎接新中国成立70周年。特刊每周一期，每期聚焦一个区，固定为两个整版并打通呈现，设计上和版面构成元素上都保持了一致性。版面设计的主要元素是一张正在徐徐展开的长卷，左侧竖向呈现专题名称及导读文字，并以地图的方式标示出该区所处的位置；右侧固定呈现图说配件，以图表"数说"该区突出成就；主图多展示该区地标；长卷下方则以时间为序集纳呈现了该区大事记，唤起读者回忆。

　　在内容上，特刊会通过主副标题简要概括该区鲜明的发展特色，并点明未来使命；中心位置则呈现区委书记、区长署名文章。高起点、高要求之下，特刊报道处处透露出民生事，以贴近百姓生活为落点，读者容易产生代入感。另外文章中还会在字里行间运用一些如"'面子'光鲜亮丽，'里子'也必精细妥帖"等上海味儿十足的本帮话，也在不经意间拉近与读者的距离。

　　《南方日报》则推出《壮丽70年 奋斗新时代：广东日记》专栏。围绕广东省发展的重要领域和方面，回顾《南方日报》早先的重要报道、经典版面和历史瞬间，记者故地重游、采访亲历者，激发新时代的强大力量。

　　报道以重大事件为线索，透过普通人眼中或大或小的变化，体现落于实处的进步，强调每个个体都是新时代的主角，以感同身受的获得感打动读者。比如首篇稿件《"桥"见未来：三代人与三座桥的跨越》，文章以老人回忆父亲的话开头，引出三代建桥人的奋斗往事，从三座大桥的建设难度越来越高的变化中，侧面反映建造技术的提升，体现时代进步。

　　《新华日报》的《壮丽70年 奋斗新时代：共和国发展成就巡礼》栏

目，采用亲历式报道，记者通过细腻的笔触还原读者日常难以到达的现场，记录瞬间所想，带来充满现场感的画面，令读者可以通过文字跟随记者的脚步，跨越大江南北，感受大时代的传奇故事，领略新江苏的精彩脉动。另外，稿件从小细节切入，如首篇报道聚焦5分钟织出一双袜子，透过这样的小现象来挖掘深层次的"智造"本质，与读者分享基于实力的自豪感。

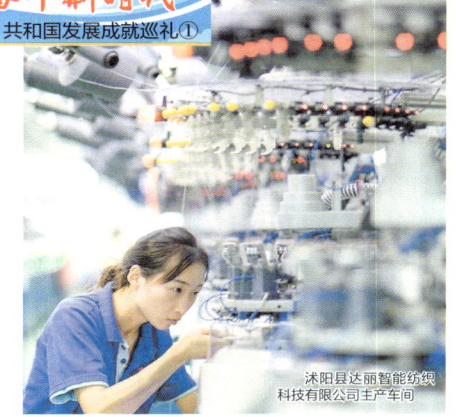

《新华日报》《壮丽70年 奋斗新时代：共和国发展成就巡礼》专栏

版面设计突出视觉效果，报端合作助力二次传播

70 年风云激荡，70 年硕果累累。讲好中国奇迹，除了在文字上下功夫外，不少报纸在版面的设计与搭配上进行了思考，力求内容与视觉并存。

总体来看，围绕"新中国成立 70 周年"这一主题，数字"70"与国旗元素在版面上的运用比较常见，色调则以赤红及相近的暖色调为主。比较有设计感的是《人民日报》与《解放日报》。前者将数字"70"融入版面中，作为文字与数据可视化的分割线；后者则以长卷形象展开，比较有"听故事"的意境。而《光明日报》将两个版面打通，对称感强，营造了宏伟的气势。

讲好中国故事兼顾视觉效果。《人民日报》在版面上大量使用图片外，第 14 版固定为图片版，以地方秀美山河、喜悦的人物像及雄伟建筑等照片，展示地方实力、表达人民获得感。其他报纸虽然没有固定的版面呈现照片，但在版面上都给予了一定的篇幅。这样的做法赋予了读者形象的实感，实证文章提及的成就，提高认同感之外美化了版面。

版面设计出彩出新。为了获取更好的传播力，媒体也致力于将报纸与数字端联通，完成一次采集多渠道发布，满足不同受众的需求。《人民日报》会在每一期的第 9 版附上二维码，读者扫描后能查看"一分钟"系列的地方宣传片，快节奏、全方面动态感受澎湃的发展动力。

《解放日报》的上海地区特刊每期也都会附上二维码，扫码可以跳转上观新闻观看为该区精心制作的短视频。

《南方日报》的《壮丽 70 年 奋斗新时代：广东日记》栏目也以全媒体报道方式展现。根据发布端口特点，进行内容调整，在客户端上发布的稿件并不完全照搬报纸版面稿件，而是对内容进行了改编，文字篇幅也进行了删减，并增加了视频产品。

193 / 纸上生花

《人民日报》在版面上附上二维码,扫描后可观看地方一分钟宣传片,左起为相关版面和视频截图

媒体融合时代,党媒如何更巧妙地将纸媒端的报道与新媒体端的报道相结合,提升用户体验,值得进一步挖掘探索。

智库建设

29. 从媒体 + 智库到智库型媒体[①]

王漫 / 文

中美贸易摩擦持续数月，各方分歧不断，各种观点交锋不止，《光明日报》智库版开辟《高端智库谈中美经贸摩擦》专栏，凭借智库的精准分析和主流媒体的传播力，在众多新闻报道和观点分析中脱颖而出，智媒融合成效凸显。

近年来，不少媒体都尝试向智库化转型，那么当媒体遇见智库，究竟会擦出怎样的火花？

首先关注智库型媒体，这是媒体智库化转型中较易采用的一种路径，采用该路径的媒体利用自身积累的资源和数据，在报道中呈现出高度的专业性，并将此优势延伸至相关行业中，在业务上呈现出智库化的特点。

沉淀深度思考，传播智库观点

在互联网浪潮的不断冲击下，传统媒体与新媒体的竞争不断升级，通过比拼，传统媒体愈发认识到"沉淀"的重要性。传统媒体如何做深做强既有优势的思考，助推了媒体的智库化转型。不少传统媒体在智库化转型道路上的第一步就是引入"智库"概念和"智库"人才，从而为自身的进一步转型升级积累经验和资源。

不少媒体尝试开辟了智库专栏或板块，围绕某些主题，集中刊发智库观点。那么媒体智库板块通常会聚焦什么样的题材和内容呢？社科类话题无疑是媒体最钟爱的。对非专业领域的主流媒体，刊发大量的理工

[①] 原载传媒评论微信公众号，2018年9月5日，原题《智库型媒体的两种演变路径（上）》。

类"高精尖"研究性深度报道,无论是对媒体的实际操作还是目标受众的有效"吸收",显然都不是最佳选择。若再具体到社科类题材的具体表现形态,我们可从较有代表性的《光明日报》智库版的取材来窥见一二。有研究显示,《光明日报》智库版所刊内容主要为学理探索、会议跟踪、成果推荐、专家访谈、大事记和其他等六大类,占比分别为40%、30%、14%、9%、4%、3%[1]。继《光明日报》之后,《经济日报》《新华日报》《中国社会科学报》等传统主流媒体也开辟了智库专版,并依托版面进行智库信息发布与相关活动。其他媒体的智库类报道中,或许各类内容占比和《光明日报》不尽相同,但总体来看形态基本以这几种为主。

值得一提的是,越来越多的媒体在涉及理论分析、国家战略、国际事件的理论评论性报道时,倾向于采用精度和深度上更有"质感"的智库文章进行报道。或许"评论员"的智库化正是媒体智库化的一个缩影。

纸媒智库专版的推出,不仅打响了媒体自身的品牌,也密切了媒体与智库之间的沟通交流,让媒体逐步深化了其对智库的认识,为之后的深度转型积累资源。在两者不断相互浸润的过程中,部分媒体逐步掌握了主动权,利用自身的新闻敏感性和选题策划能力来谋篇布局。从有什么发什么到需要什么发什么,逐渐摆脱了"看天吃饭"的窘境,掌握了先发制人的选题主动权,文章开头所提及的《光明日报》的《高端智库谈中美经贸摩擦》专栏,正是这一趋势的典型案例。通过媒体的策划和统筹,该组文章较其他智库专版而言,在系统性和延续性上都更有优势。

除了对重大事件的统筹策划外,还有部分地方媒体选择结合地方实际,主动策划选题活动,邀请智库人员参与,并最终形成系列智库文章在版面上发表。比如2016年4月,《新华日报》就策划了"智库看江苏"

---

[1] 王斯敏:《智库化转型:主流媒体突围发展新路径——以光明日报智库建设为例》,《新闻战线》2018年第3期(2月上),第27—30页。

系列调研行活动，邀请智库专家与媒体记者一起深入江苏各地，为各地的建设发展建言建议。

以上两种形式都不算新颖，但与以往常规做法不同的是，这些媒体都在传统的报道中引入了智库元素，就像是为"老坛"装上了"新酒"，其中的香气和味道自是与以往有所不同。

积累行业数据，发布公开报告

不同于借力打力，媒体智库化还有一种自力更生的版本。很多传统媒体，特别是纸媒，多年来一直专注于垂直领域，不少一线记者、编辑都掌握着某个领域的一手资料，积累了丰富的专家资源和行业数据，这对于其所属媒体的智库化转型有着起承转合的作用，可以被视为媒体智库化实质性转型中的重要跳板。

"THE 世界大学排名"（Times Higher Education World University Rankings）作为四大世界大学排行榜之一，每年都为学生和家长填志愿、申请学校提供参考。这个由英国《泰晤士高等教育报》（Times Higher Education）[1]发布的报告，完全基于媒体自身的资源积累和调查统计而形成。随着其自身指标的不断完善和研究方法的不断更新，其所属媒体的智库化特征也愈发明显。除了大学排名，《泰晤士报》（The Times）的编辑们还关注了旅游这一领域，不少爱玩的朋友们经常会在旅游资讯中看到"泰晤士报评选的英国旅游网站 100 强""泰晤士报评选出最值得游玩的 25 个城市"之类的新闻。相较于大学排名，旅游的排名就相对轻松，比如旅游网站 100 强排行榜就是依据网站的内容、设计、使用方便性、导

---

[1] 《泰晤士高等教育报》以前曾属于《泰晤士报》，其人员调动和项目演变都与后者关联度较大，且THE排名测评指数、操作人员等关键要素都借助于泰晤士报社力量共同合作完成，故这里将其归于《泰晤士报》体系。

航和预订来进行评估的。这种研究性方法和定量思维让媒体向智库迈出了最坚实的一步，《泰晤士报》也凭借着一系列的"排名"成为智库型媒体的典型代表之一。

《英国金融时报》（Financial Times）与《泰晤士报》的多点开花不同，它专注于金融领域，并且一直以报道数据翔实、观点客观中立著称。虽然关注领域单一，但通过对产品细化分层，精准定位不同受众，它同样在智库化转型中取得了良好的"业绩"。比如其编写的《FT投资参考》（FT Confidential Research），旨在对经济数据和动态进行深入挖掘。在此基础上，该报每年都会推出经济领域的年度报告，为投资人士提供参考。此外，《金融时报》还推出了"全球MBA排名"（Financial Times Global MBA Ranking），该榜单依据对前一年毕业生的调查，并结合校友职业发展、学校创意生成以及师资、生源等多个指标进行综合评估，从经济学角度对商学院进行排名。该榜单凭借高度的专业性和客观性已成为全球受众认可的权威MBA排名之一。

值得注意的是，智库型媒体的报告和数据，多来源于资源积累和市场调研，这些参考指标是在动态调整中不断完善的，"出品人"也基本由自身团队的记者、编辑担任，而其权威性也完全依赖于市场反应和媒体自身的公信力。这种转型对于团队而言，思维转换跨度较大，操作难度系数较高，生产周期也相对较长。但与之相对的是这种形式的媒体转型实质度较高，也可为媒体带来较高的声誉，为媒体进一步智库化提供了人才储备和战略基础。与后续发展的媒体型智库相较而言，该阶段的报告和数据多属于"公益性"的，也就是说媒体更多的是与公众分享成果，吸引用户，提升权威性，而并没有将此作为增值性服务的一部分。

智库型媒体的发展链在国内并不算完整，当前大部分媒体都处于"智库＋媒体"阶段或从成立智库后便直接跳跃至媒体型智库这两种状态中。

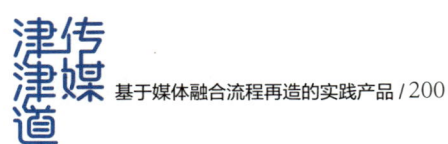

相较于国内媒体，国外媒体都在自身的智库化过程中将智库型媒体这一路径作为其转型的重要一环，或者说作为媒体向智库转型的孵化器。未来，国内媒体智库化发展是否会将这一"断层"进行完善还有待进一步观察。

30. 智慧化转型中的终极形态：媒体型智库[①]

王漫 / 文

除了转型成为智库型媒体，媒体在智库化转型中的另一种演变路径即打造媒体型智库。对于一些媒体而言，它在智库化转型中往往先向智库型媒体转型，而最终目标还是打造媒体型智库。

相较于智库型媒体而言，这一转型路径在生产实体上有了质的飞跃，操作难度也更高。媒体型智库虽依托媒体资源组建，产权仍属原媒体，但在人员构成、运营过程上都有着相对的独立性，其主业也从新闻传播转向了课题研究。

深度调研分析，让智库产品更有引导力

从结果上看，分析报告（包含排名、指数、行业报告等）是媒体型智库与智库型媒体的交叠点。或许这两者生产出来的产品并无明显差异，甚至一些发展较成熟的智库型媒体在产品效果上会优于发展初期的媒体型智库，但两者的性质却大有不同。媒体更多的是发布信息、公开结果，而智库的属性则重在引导行业的发展或公共政策的制定。"导向"的偏差对两者产品性质的影响是不可忽视的本质问题。

第一财经研究院是第一财经旗下的非营利独立智库研究机构，被称为第一财经的核心智库，以其专业的研究能力，为其母体平台提供权威的政策研判和市场数据；向市场提供其自主研发的财经资讯产品，包括财经信息加工、行业研究与数据库、咨询服务、各类指数与榜单等四类核心业务。2018年8月底，团队发布了"第一财经研究院中国金融条件指数"，

[①] 原载传媒评论微信公众号，2018年9月6日，原题《智库型媒体的两种演变路径（下）》。

分为日度指数和月度指数。其中日度指数每周发布，月度指数每月发布。它在发布说明中写道："该指数为衡量中国融资条件、融资可得性，以及宏观金融综合松紧程度而创建的一个指标，对政策制定者、金融市场参与者和公众都具有重要的参考意义。"明确将"政策制定者"列入第一目标受众，这是智库产品较为典型的标志。

光明日报的智库化转型在国内较为领先，继在报纸版面上推出智库专版后，2015年5月又成立了智库研究与发布中心，该中心致力于打造智库成果与声音的发布平台、智库发展与建设的研究平台、智库风采与成长的展示平台、智库联系服务公众的沟通平台。换句话说，光明智库在转型中不仅成立智库，还以智库为研究课题，做"智库中的智库"。2016年，光明日报智库研究与发布中心就联合南京大学中国智库研究与评价中心共同研发了我国首个智库垂直搜索引擎和数据管理平台——中国智库索引（Chinese Think Tank Index，后文简称CTTI），该系统基于MRPA测评指标[①]，是以第三方身份对智库机构运用资源方式的能力和效益进行过程—结果导向型评价，包含智库排序、专家排序、大学智库指数排序3个子系统。随后，还在该索引基础上，连续发布中国智库索引CTTI发展报告，不断扩大CTTI在智库行业的使用度，加深光明智库在智库行业中的权威性。随后不少高校都在官网上发布了类似"我校'N'家智库入选中国智库索引（CTTI）"等讯息，这也再次印证了光明智库的"人设"。

组织会议活动，让智库品牌更有话语权

除了发布研究成果外，现在不少智库都热衷于组织会议、论坛等线下

---

① 2016年，中国智库索引（CTTI）课题组确定了4个一级指标分别是M（治理结构）、R（智库资源）、P（智库成果）、A（智库活动），命名为智库MRPA测评指标。MRPA属于结果导向的智库效能测评体系，可以用资源占用量、资源的运用效果两大维度来测评智库。

活动，在面对面的交流探讨中，潜移默化地将智库观点传递给与会人员，进而让该团队在目标领域的话语权不断增强，做强做大智库品牌。

　　凤凰网国际智库成立之初，就将专业领域定位在"国际"，其主攻方向集中在国际关系、国际局势的研判和企业国际化服务三大领域。由于其国际化定位，凤凰网国际智库的人员分布极为广泛，其拥有上千位国际问题及国际经济学者智囊、100多位海外观察员，遍布世界大部分国家与地区，这与国内大部分媒体智库的定位有较大的区别。在上海合作组织青岛峰会结束后的第一时间（2018年6月11日），凤凰网国际智库就邀请了地区研究、能源合作、企业投资与法律等领域的学者专家及媒体单位，共同参与论坛，对上合峰会的相关议题和会议成果进行深入分析。较之简单地发布成果，这种邀请媒体参与"头脑风暴"的做法效果更佳，也是媒体型智库的优势所在。

　　除了邀请媒体来增加智库声望，还有不少媒体型智库会邀请相关领域的职能部门或决策机构参与会议。媒体型智库的目标往往是影响公共决策或引导行业发展，这种直接邀请决策者与会的方式，为这一目标提供了更为直接的平台。

　　2013年成立的瞭望智库，凭借着母体平台新华社的强大资源，以高质量、规模化的调查研究和课题研究为基础，承担着大量向中央报送信息和决策咨询的任务，甚至被业内称为"内参"智库，这也是其邀请嘉宾的优势所在。比如2018年8月24日，瞭望智库和中科院微电子研究所联合主办的"我国汽车芯片国产化推进现状"和"我国自动驾驶汽车顶层设计"闭门研讨会，就邀请到了发改委、工信部、交通运输部等国家主管部门、中科院、清华大学等高校科研院所专家和多位产业界人士参会。这种智库直接与决策者面对面的会议形式，与其他途径相比，效果最为理想，但对智库母媒体的属性有较高要求。

定制个性服务，让智库运作更有稳定性

媒体型智库与智库型媒体不同，其作为一个独立的运营机构，如何"养活"自己是机构运作过程中必须面对的一个问题。当然，不少媒体型智库由于背靠传媒集团，在成立初期的运营主要集中在品牌造势方面，但随着深入的发展，如何将智库产品转化成"商品"，也是各家智库不得不思考的问题，毕竟媒体转型无法绕过商业转型这一关键。

由南方报业传媒集团主导培育的南方民间智库是国内运营最好的媒体型智库之一。它成立于2009年11月，成立初期其主要业务依托于奥一网，开展网络问政活动。该智库将其业务重点放在区域发展上，即面向地方政府机构，为当地经济社会发展提出切实可行的服务方案，并协助建设城市发展智库，最终成为促进政府决策科学化的有力推手，也正是这一精准定位，为其后续的商业模式奠定了良好的基础。其最为成功的商业案例就是2014年底，与佛山市南海区的"合作大单"。根据协议，南方民间智库将依托自身媒体影响力，延揽关注南海社会经济发展的媒体人与学者，建立南方民间智库南海宣传智库。此外，南方民间智库还在三个方面为佛山市政府提供定制服务：在舆论引导方面，借助《南方都市报》的影响力，整合媒体资源，为城市发展建设提供良好的舆论环境；在咨政建言方面，依托南方报业传媒集团数据库，为决策者提供高信度数据支持；在社会服务方面，作为智慧政务解决方案提供商，将社会资源与城市对接，服务城市建设。对媒体型智库而言，政府这样的"客户"最符合其定位，能承接政府订单对智库的品牌有很强的提升力，而政府作为"客户"的稳定性也为智库的持久运作提供了稳定性保障。

成立于1946年的经济学人智库（The Economist Intelligence Unit，后文简称EIU），是经济学人集团的研究和分析部门。最初成立时服务于《经济学人》报纸，旨在为全球的企业、政府机构和学术组织等提供针对国家、产业和经济领域的信息分析、咨询、预测和风险评估服务。从2010年开始，经济学人集团开始将EIU作为独立的单元在全球运作。其核心业务是对全球超过200个国家和地区进行国情与宏观经济分析及预测，以及针对全球6个主要行业及27个子行业的数据提供分析与报告。凭借自身庞大的数据信息积累和优秀的团队，EIU会针对客户提出的题目进行定制分析并提供咨询帮助，包括政治、经济等方面的预测，尤其是在商业模式选定、市场战略咨询和市场风险预测等方面，世界500强中超过三分之一的企业已经是它的忠实客户。这也为其带来了丰厚的资金回报。

  总体来看，媒体型智库是媒体智库化转型中的高阶层级，其属性、目标、运作方式等都与媒体有一定区别。在梳理国内外媒体型智库的过程中，笔者发现，国内的大部分媒体型智库目前对高校智库的依赖程度较高，无论是课题研究还是人员组成，都以高校学者为主导力量，而这些学者对媒体型智库的归属感并不强烈。这一现象在国外的媒体型智库中并不常见，这是否与国内媒体智库化过程中常跳过了"智库型媒体"这一人才转型阶段有关，还需进一步的研究和探讨。

图书在版编目（CIP）数据

传媒津津道：基于媒体融合流程再造的实践产品 / 檀梅主编． -- 北京：红旗出版社，2023.10
ISBN 978-7-5051-5354-7

Ⅰ．①传… Ⅱ．①檀… Ⅲ．①传播媒介—研究 Ⅳ．
① G206.2

中国国家版本馆 CIP 数据核字（2023）第 168848 号

书　　名	传媒津津道：基于媒体融合流程再造的实践产品			
主　　编	檀　梅			
责任编辑	丁　鋆		责任印务	金　硕
责任校对	郑梦祎		封面设计	高　明
出版发行	红旗出版社			
地　　址	北京市沙滩北街2号		邮政编码	100727
	杭州市体育场路178号		邮政编码	310039
编辑部	0571-85310806		发行部	0571-85311330
E － mail	rucdj@163.com			
法律顾问	北京盈科（杭州）律师事务所　钱　航　董　晓			
图文排版	浙江新华图文制作有限公司			
印　　刷	浙江全能工艺美术印刷有限公司			
开　　本	710 毫米 ×1000 毫米		1/16	
字　　数	195 千字		印　张	13.5
版　　次	2023 年 10 月第 1 版		印　次	2023 年 10 月第 1 次印刷
ISBN 978-7-5051-5354-7			定　价	65.00 元